BRETT UND STEIN
VERLAG

Danksagung

Ich danke Iku von ganzem Herzen für Ihre Unterstützung, denn ohne sie wäre die Übersetzung dieses ausgezeichneten Buches nicht möglich gewesen.

August 2020, Gunnar Dickfeld

YAMADA SHINJI

WIE SPIELT MAN GO IM **KI-STIL**?

Erklärt durch einprägsame Illustrationen

BRETT UND STEIN
VERLAG

『誰でもカンタン！図解で分かる囲碁AI流の打ち方』
DARE DEMO KANTAN!
ZUKAI DE WAKARU IGO AI-RYU NO UCHIKATA
by Shinji Yamada

Original Japanese edition published by Mynavi Publishing Corporation
This German language edition is published by arrangement with
Mynavi Publishing Corporation, Tokyo c/o Tuttle-Mori Agency, Inc., Tokyo

Bibliografische Information der Deutschen Nationalbibliothek
Die Deutsche Nationalbibliothek verzeichnet diese Publikation in der Deutschen Nationalbibliografie; detaillierte bibliografische Daten sind im Internet über http://dnb.dnb.de abrufbar.

ISBN 978-3-940563-70-5

Umschlaggestaltung: Lars Decker
Übertragung: Gunnar Dickfeld
Druck: Books on Demand GmbH, Norderstedt

Die Diagramme in diesem Buch wurden erstellt mit SmartGo™: https://www.smartgo.com/de

Printed in Germany

Vorwort

Dieses Buch richtet sich an Amateure im Go, die gern den modernen KI-Stil erlernen und anwenden möchten. Die „Illustrierte Reihe“ („*zukai shirīzu*“) zeichnet sich dadurch aus, dass sie die Erläuterungen direkt in den Go-Diagrammen zeigt und diese somit leichter verständlich macht.

Ich denke, dass viele Menschen den KI-Stil verwirrend finden, weil es so viele Züge gibt, die von der herkömmlichen Denkweise weit entfernt sind, wie zum Beispiel die frühe 3-3-Invasion. Das war in der professionellen Go-Welt zu Beginn ebenso. Weil es aber viele Profi-Spieler gab, die den KI-Stil eifrig studiert haben, hat er sich unter den Go-Spielern viel schneller verbreitet als gedacht. Heute wird er von den Spielern fast wie selbstverständlich angewandt.

Anfangs war auch ich sehr verwirrt. Doch ich kam mit vielen Studien über den KI-Stil, die weltweit durchgeführt wurden, und Partieaufzeichnungen in Berührung und versuchte, diese zu verstehen. Ich habe dieses Buch mit viel Begeisterung geschrieben und hoffe, dass dadurch jeder von den Erkenntnissen meiner Studien profitieren kann.

Ich bin sehr glücklich, den bedeutsamen Wendepunkt hin zu einer neuen Ära miterleben zu können, in der eine KI Menschen im Go-Spiel besiegen kann. Durch die Beschäftigung mit dem KI-Stil empfinde ich eine Freude, wie ich sie zuvor noch nie beim Go erlebt habe. Ich hoffe, dass sich diese Art von Freude mit dem Buch überträgt und weitergegeben wird.

Warum nehmen Sie nicht den Übergang von der Heisei-Ära zur Reiwa-Ära zum Anlass, sich der Herausforderung eines neuen Go zu stellen? Als Autor hoffe ich, dieses Buch hilft Ihnen dabei.

Ein Tag im Oktober 2019, Yamada Shinji

Inhalt

Partie 1

In der ersten Partie treffen zwei starke Talente aus Korea und China aufeinander. Lian Xiao 9p ist ein starker chinesischer Spieler, der in vielen internationalen Turnieren mitspielt. Park Yeonghun 9p hat den Fujitsu Cup bereits zweimal gewonnen.

(1 – 19)

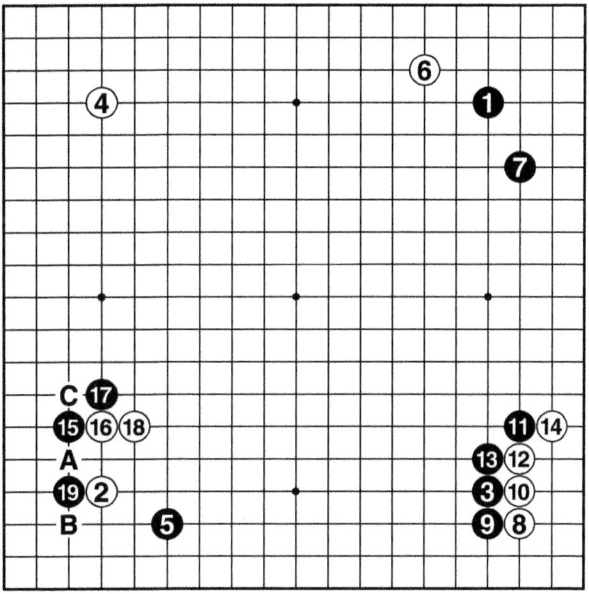

Weiß am Zug

Nach dem Kakari 5 links unten hat Weiß Tenuki gespielt. Rechts unten sehen wir ein typisches KI-Joseki. Nun gibt es nach Schwarz 19 eine spezielle Spielweise der KI, die man unbedingt kennen sollte.

Wo wird Weiß fortsetzen: Auf A, B oder C?

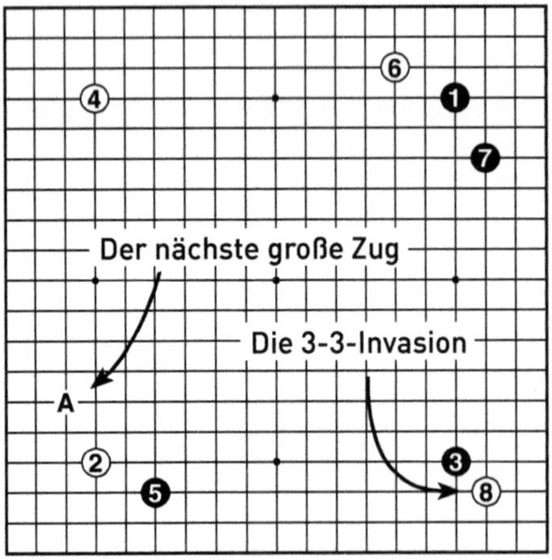

1

Die Partie 1

Spielt Weiß auf A, wäre dies Spiegel-Go. Stattdessen wählt Weiß mit 8 die 3-3-Invasion. Dies ist der KI-Stil. Und tatsächlich gibt es viele Situationen, in denen das Kakari auf 5 ignoriert wird. Die Bedeutung des Kakari 6 zeigt sich später.

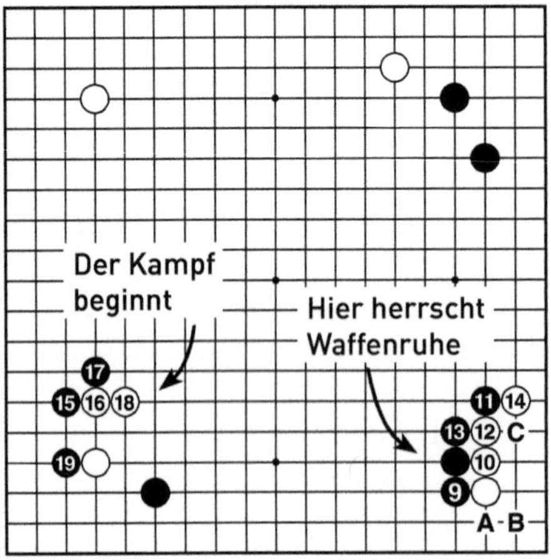

2

Die Partie 2

Nach Weiß 14 gibt es für Schwarz Varianten, die mit A bis C beginnen. Hier jedoch greift er mit 15 an. Dieses Doppel-Kakari wurde gemeinhin als sehr groß angesehen, deshalb ließ Weiß dieses früher zumeist nicht zu. Die KI hingegen fürchtet einen Doppelangriff nicht so sehr.

3

A
Joseki.
Etwas besser
für Schwarz

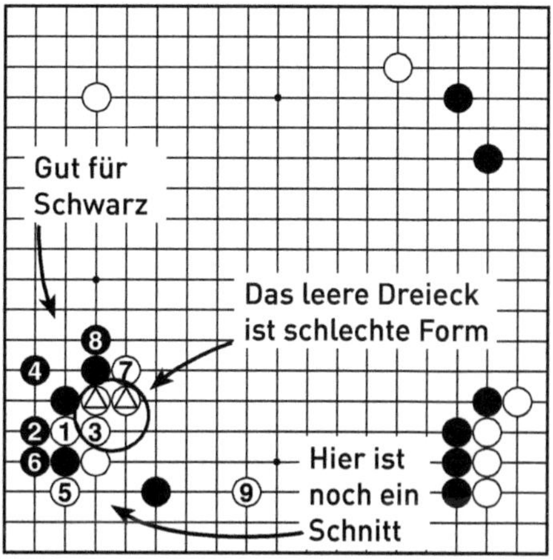

Das Hineindrücken mit 1 ist nicht der KI-Stil. Es ist ein altes Joseki, welches aus Profi-Partien nahezu verschwunden ist. Sein Vorteil ist, dass es so einfach ist. Daher wird es gern von Amateuren gewählt.

4

Weiß wird
angegriffen

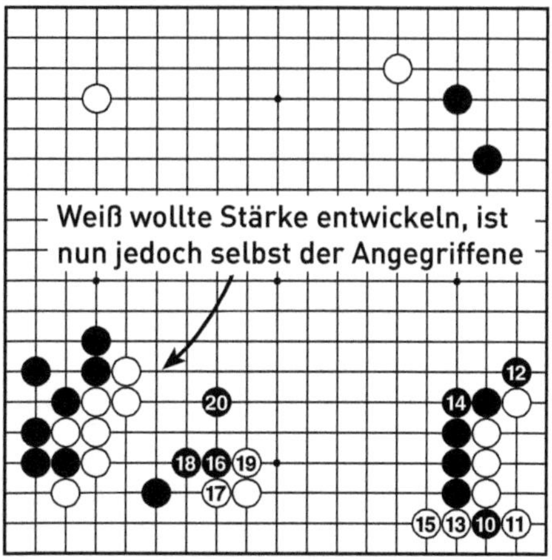

Die Fortsetzung am unteren Rand ist ein Beispiel, in dem Schwarz beabsichtigt, mit 16 Vorhand zu nehmen. Nach dem Sprung auf 20 zielt er darauf ab, die weiße Gruppe links anzugreifen. Diese Entwicklung dürfte Schwarz entgegenkommen.

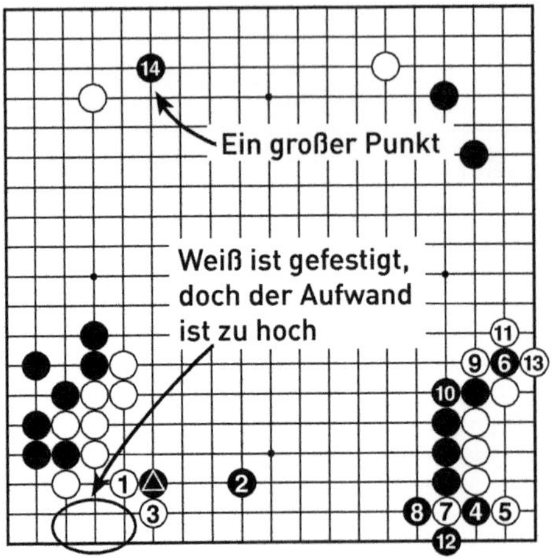

5

Schwarz entwickelt sich schnell

Setzt Weiß links unten mit dem Kosumi 1 fort, dann wählt Schwarz dankbar die Fortsetzung 2 bis 9. Für Schwarz ist der markierte Stein nicht wichtig. Weiß 1 und 3 sind langsame Züge. Die Entwicklung bis 14 ist für Schwarz gut genug.

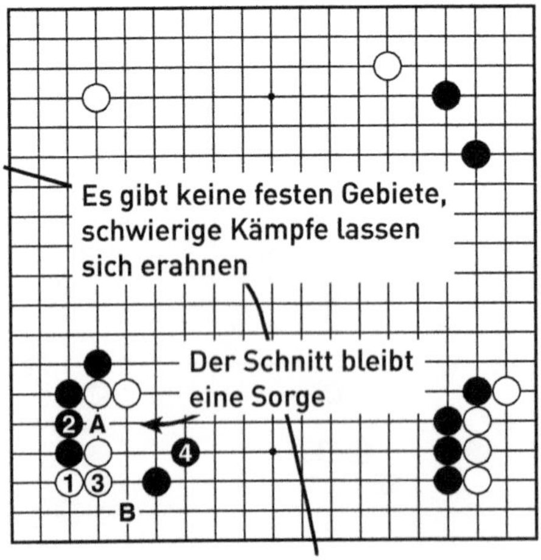

6

B

Einflussreich, aber schwierig

Weiß 1 ist eine kraftvolle Technik und führte zu neuen Varianten. Selbst wenn Schwarz nun auf A hindurchstößt, kann Weiß mit B leben. Daher nimmt Weiß – ohne gegen A zu verteidigen – hier Vorhand.

7

Schwarz lässt sich auf den Kampf ein

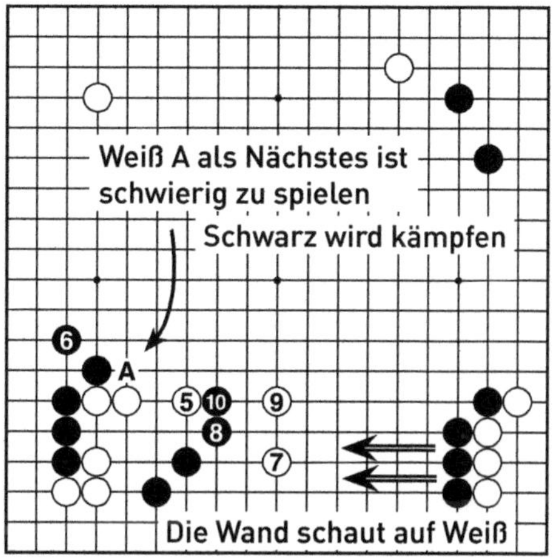

Von all den verschiedenen Möglichkeiten für beide Seiten erscheint diese Fortsetzung hier denkbar. In diesem Kampf wirkt die Stärke von Schwarz rechts unten gut mit. Für Weiß ist es hingegen ein Kampf ohne Unterstützung.

8

Vorteilhaft für Schwarz

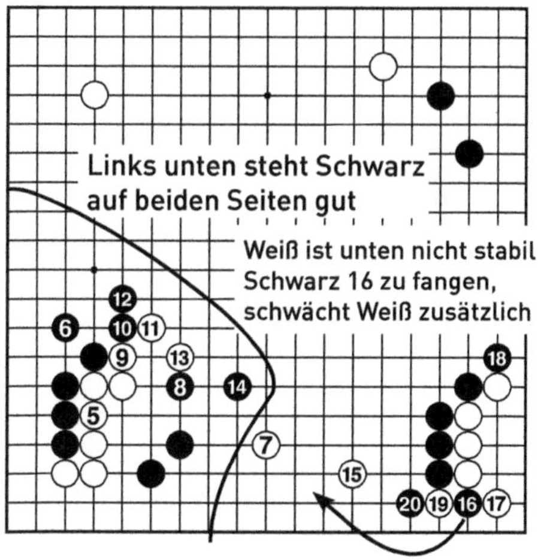

Entscheidet sich Weiß doch für das feste Verbinden auf 5, so ist die Fortsetzung bis 14 zu erwarten. Auf dieser Seite steht Schwarz nun gut da. Und rechts unten schließt Schwarz mit 16 die Ecke ein – das Ergebnis ist insgesamt gut für Schwarz.

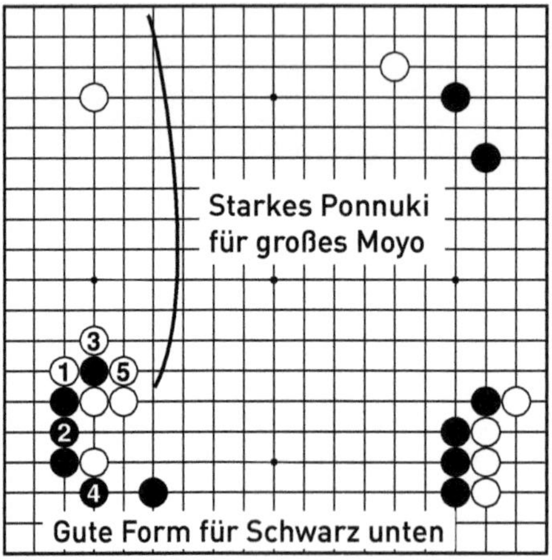

9

C

Korrekte Antwort

Auf 1 zu schneiden ist bemerkenswert. Die KI sieht die Fortsetzung bis 5 als etwas besser für Weiß an. Es ist darauf zu achten, dass der schwarze Stein tatsächlich mit 3 in einer Treppe gefangen werden kann.

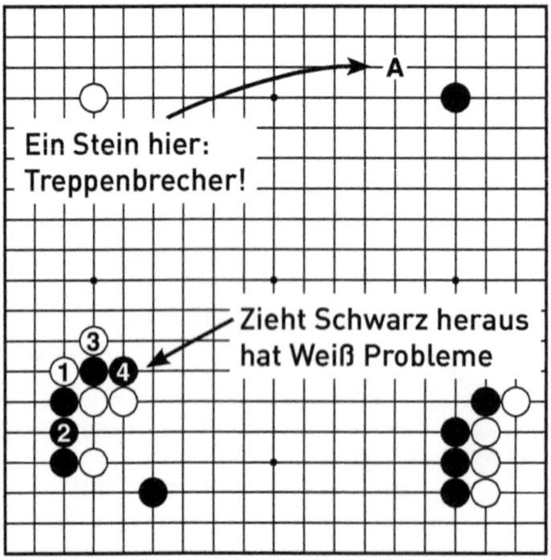

10

Nur wenn die Treppe läuft

Eine absolut notwendige Bedingung ist die Treppe nach Weiß 3. Läuft sie nicht für Weiß, dann entkommt Schwarz und das Ergebnis wäre katastrophal. Das frühere Kakari auf A ist also notwendig, um das Joseki links unten zu wählen.

11

Große Ecke

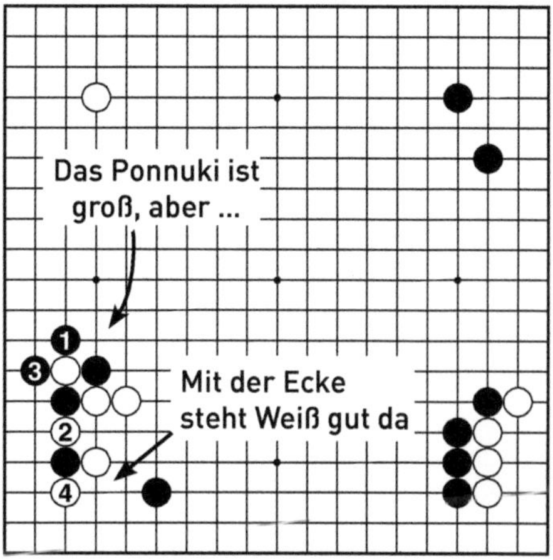

Schwarz spielt 1. Falls Weiß nun auf 3 streckt, dann ist Schwarz auf 2 kraftvoll. Stattdessen fangen Weiß 2 und 4 die Ecke. Die Form mit einem gefangenen Stein ist gut und somit ist Weiß zufrieden.

12

Durchbrechen ist nicht gut

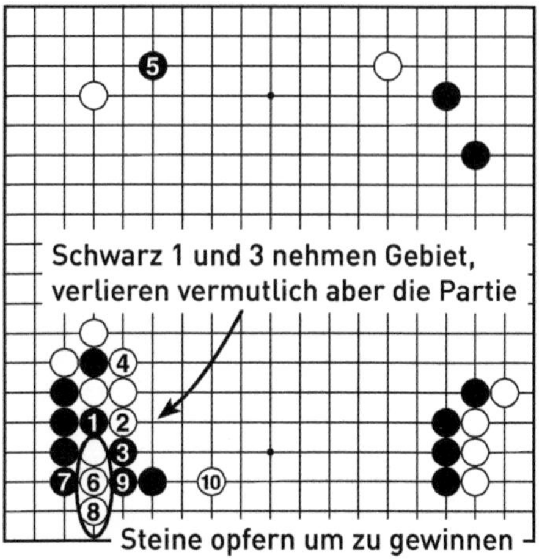

Eine Fortsetzung mit 1 statt Schwarz 4 in Diagramm 9, ist eine gierige Spielweise. Weiß wird die Ecke opfern, indem er zuerst mit 6 und 8 streckt, um dann mit 10 von außen anzugreifen.

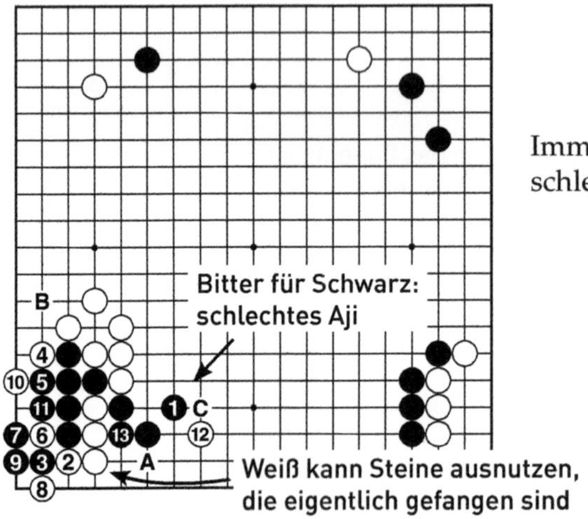

13

Immer noch schlecht

Entscheidet sich Schwarz statt 9 im vorherigen Diagramm für den großen Zug 1, dann sind Weiß 2 bis 6 eine scharfe Technik um Aji in der Ecke zu erzeugen. Statt 13 kann Schwarz nicht auf A spielen, denn dadurch wird Weiß B zu Vorhand. Auf Schwarz 13 antwortet Weiß mit dem Drücken auf C.

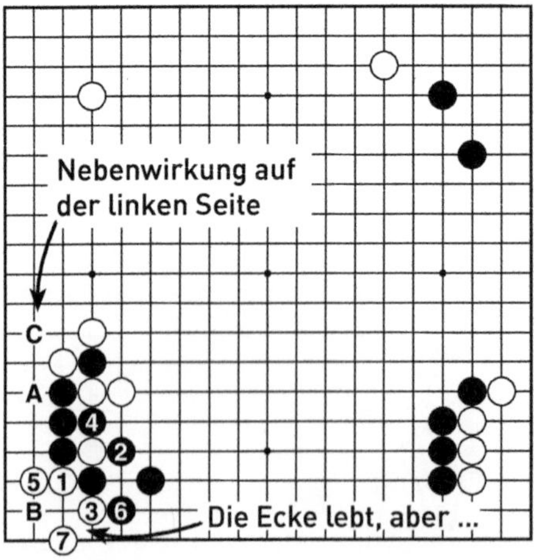

14

Der Schnitt ist keine große Sache

Schneidet Weiß nach 5 in Diagramm 9, dann gibt Schwarz mit 2 Atari. Antwortet Weiß auf 4, dann spielt Schwarz 5. Weiß kann zwar mit 3 in der Ecke leben, doch nach 7 droht ein Zug auf A, die Ecke mit B zu töten, sodass Schwarz auf C springen kann. Weiß hat so nicht viel erreicht.

(20 – 25)

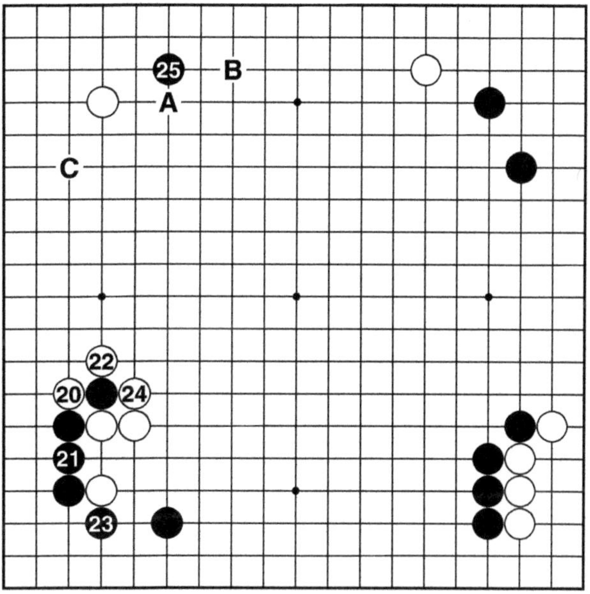

Weiß am Zug

Die Abbildung zeigt die Stellung der Partie nach Schwarz 25. Zur Auswahl stehen nun A, B und C. Sehen sie nicht alle wie klassische Züge aus…? Züge, die von Profis als zu „weich" erkannt und verworfen wurden, können nun mit der KI neu bewertet werden.

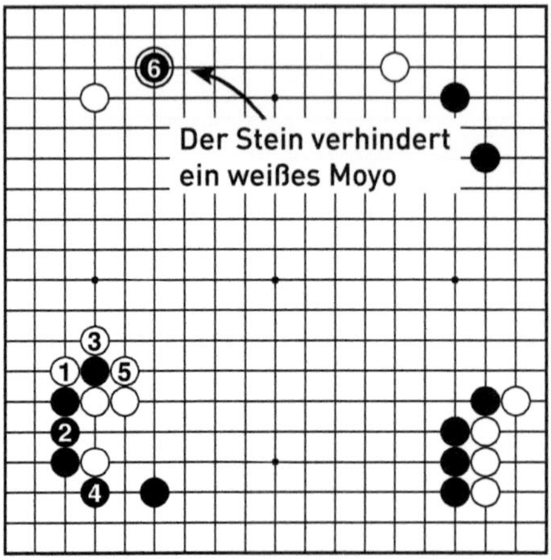

1

Partieverlauf

Das ist noch einmal die Lösung der ersten Problemstellung. Das Kakari 6 ist ein guter Punkt für Schwarz, denn wenn Weiß diesen Punkt besetzen würde, entstünde oben links ein riesiges Moyo für Weiß.

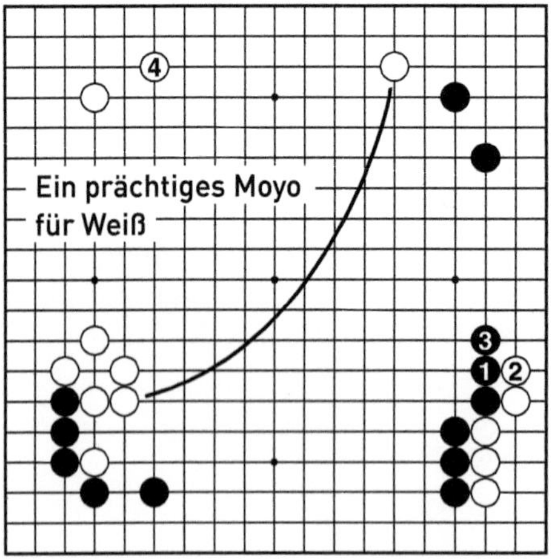

2

Groß für Weiß

Kommt ein weißer Stein auf 4, dann wirken das Kakari rechts oben, das Shimari links oben als auch das Ponnuki wunderbar zusammen. Es deutet sich ein Moyo an. Mit dieser Entwicklung ist Weiß nicht unzufrieden.

3

B

Sorge der 3-3-Invasion

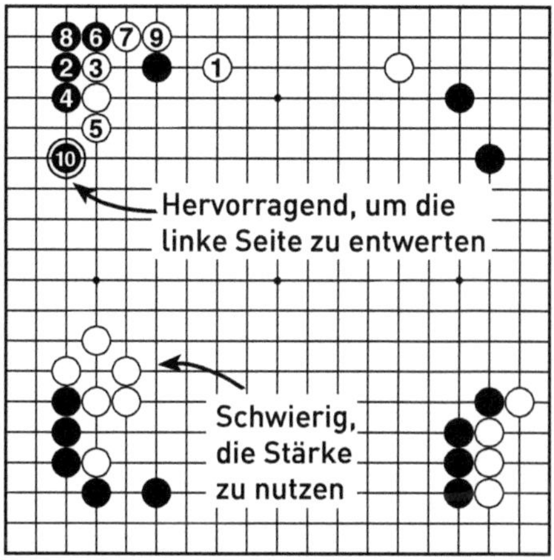

Wählt Weiß den Klemmzug 1, so springt Schwarz auf 3-3. Das ist schmerzlich für Weiß. Weiß 3 ist ein normaler Zug, jedoch ist Schwarz 10 hier perfekt, denn er entwertet die weiße Stärke. Im Weiteren wird es für Weiß schwierig, eine geeignete Strategie zu entwickeln.

4

Die weiße Strategie ist leicht zu durchschauen

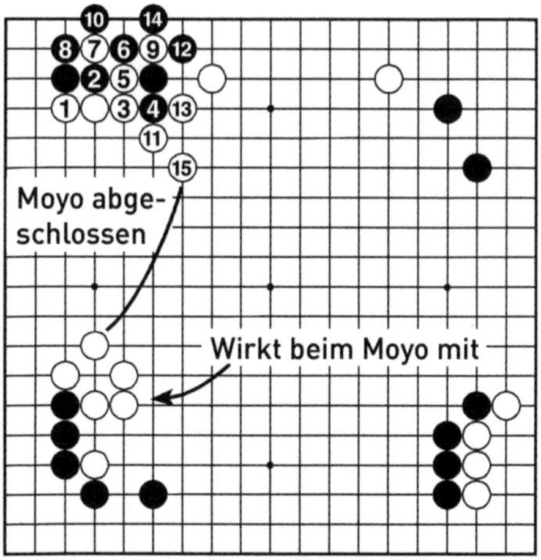

Möchte Weiß den Einfluss der Gruppe unten nutzen, dann spielt er 1. Ob diese Stellung besser ist, als das vorherige Diagramm, lässt sich schwer sagen. Aber es ist deutlich, was Weiß erreichen möchte. Links entsteht nun ein weites Moyo.

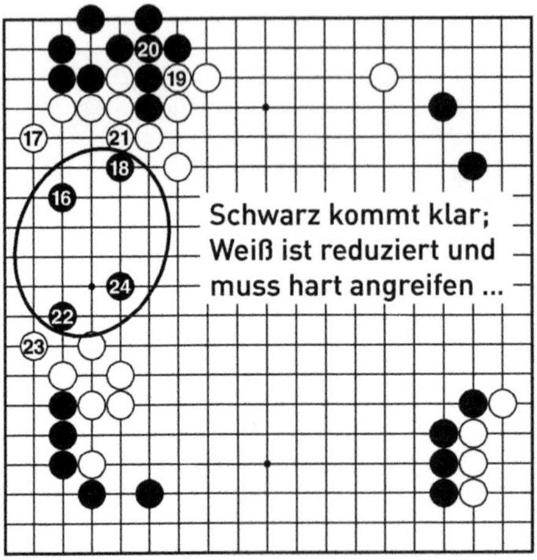

5

Weiß könnte geschwächt werden

Die weiße Stellung steht sehr weit und bietet daher Angriffspunkte. Invadiert Schwarz mit 16, so muss Weiß auf 21 decken. Nach Schwarz 24 ist es an Weiß, einen starken Angriff zu finden, sonst wird er geschwächt. Das scheinbar solide Moyo ist nur schwer gegen diese Invasion zu verteidigen.

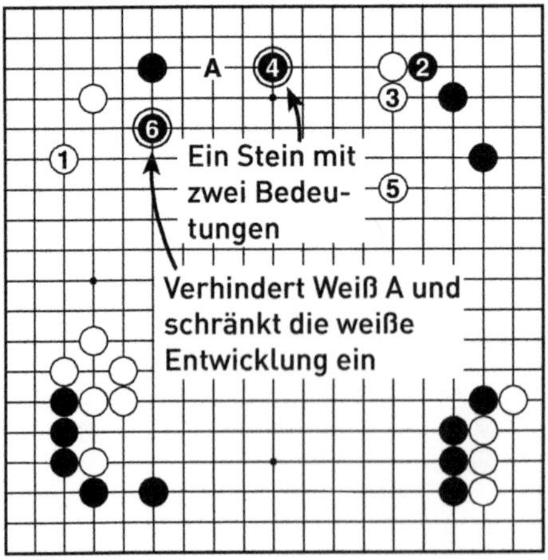

6

C

Das Keima

Das Keima 1 ist ein normaler Zug, doch das Kontakt-Kosumi 2 und der Klemmzug 4 bilden eine starke Kombination. Springt Weiß nun auf 5, dann verhindert Schwarz mit 6, dass Weiß auf A invadieren kann. Eine solide Entwicklung für Schwarz.

7

Das Hane ist perfekt

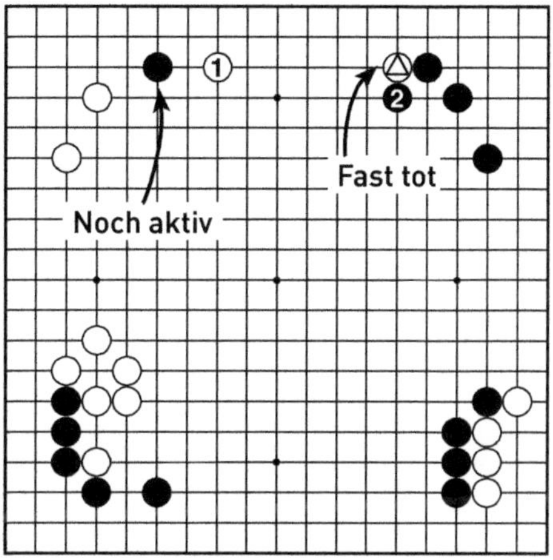

Es ist nicht denkbar, nach dem Kontakt-Kosumi fernzubleiben, denn mit dem Hane 2 kann Schwarz gute Form bilden. So ist Schwarz nicht unzufrieden. Links und rechts oben gibt es nun ähnliche Formen, aber der markierte Stein ist sehr schwach.

8

Weiß beschwert sich nicht

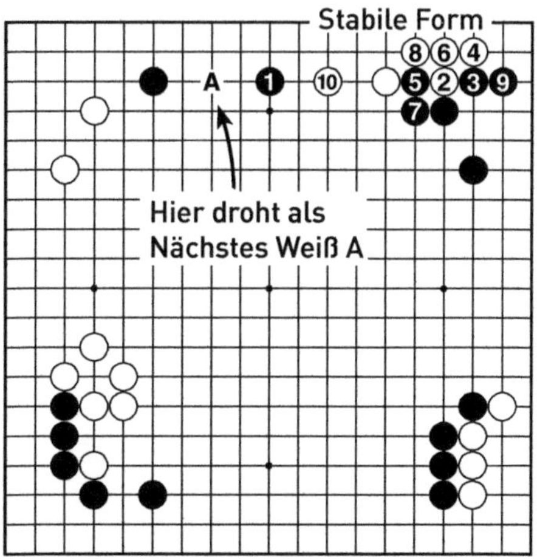

Spielt Schwarz statt 2 in Diagramm 6 auf 1 hier, dann ist die Abfolge Weiß 2 bis 10 zu erwarten. In diesem Fall wäre nun Weiß nicht unzufrieden. Die Spielweise von Schwarz ist im Vergleich zu Diagramm 6 etwas zahm.

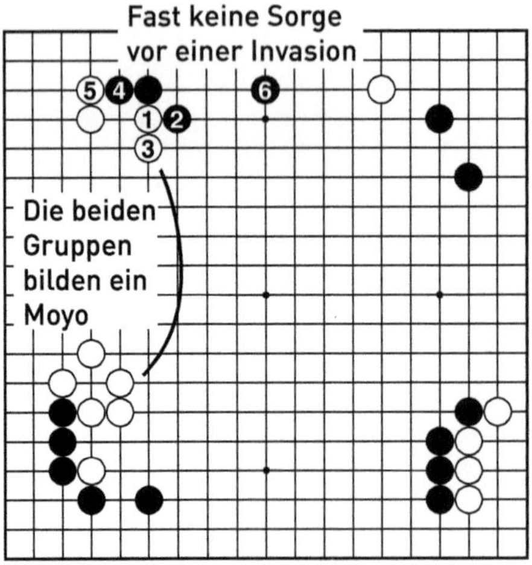

9

A
Richtig

In der Partie wurde das bekannte Anlegen-und-Strecken-Joseki gespielt. Bisher war es gemeinhin als Joseki für Vorgabespiele bekannt, denn es galt als sicher wenngleich auch als etwas nachteilig. Die KI sieht es hingegen als ein kraftvolles Joseki.

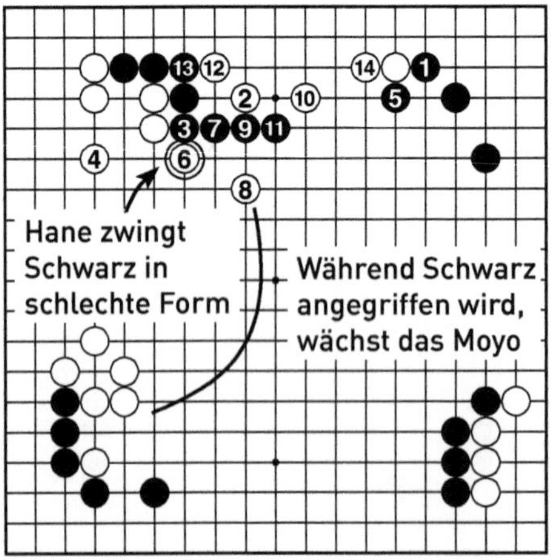

10

Kontakt-Kosumi geht nicht

Nach Schwarz 1, statt 6 im vorherigen Diagramm, bleibt Weiß fern und antwortet mit dem Klemmzug 2. Schwarz spielt mutig 5, jedoch ist das Hane 6 nun stark und der Angriff bis 14 erfolgreich für Weiß.

11

Links oben Tenuki und dann weiter rechts oben

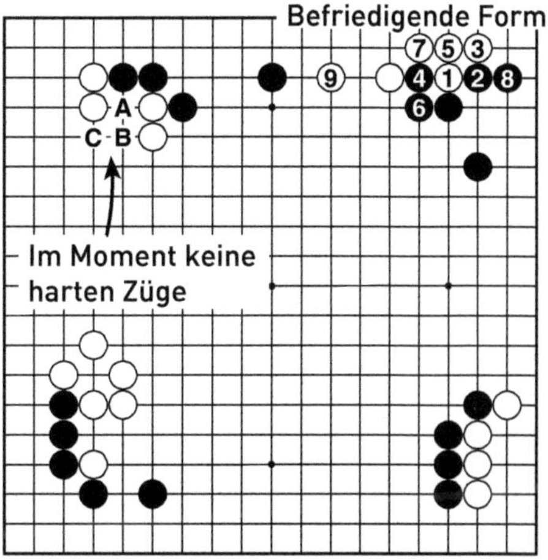

Nach Diagramm 9 setzt Weiß nun die Steine 1 und 3. Schwarz 4 und 6 sind normal hier, Weiß spielt 9 und erhält somit eine befriedigende Stellung. Schiebt Schwarz auf A, blockt Weiß auf B. Weiß muss keine Angst vor dem Schnitt auf C haben, denn er opfert gelassen zwei Steine.

12

Starker Gegenangriff gegen die Invasion

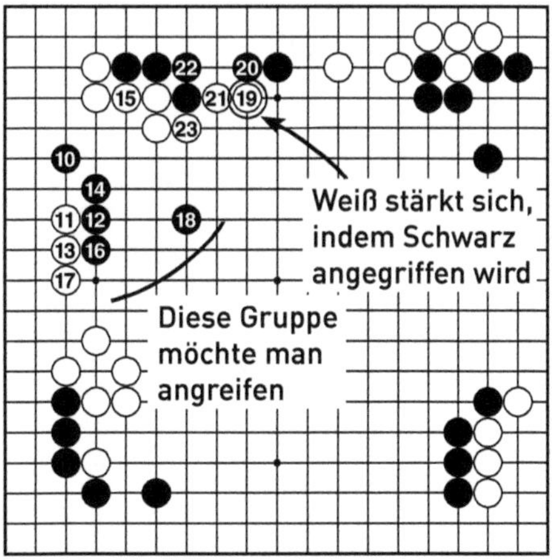

Die Invasion von Schwarz 10 kontert Weiß mit 11. Da nun weitere schwarze Steine hinzukommen, muss Weiß auf 15 verbinden. Weiß 19 ist ein guter Zug, denn Weiß kann mit der Fortsetzung bis 21 gute Form machen und gleichzeitig Schwarz angreifen.

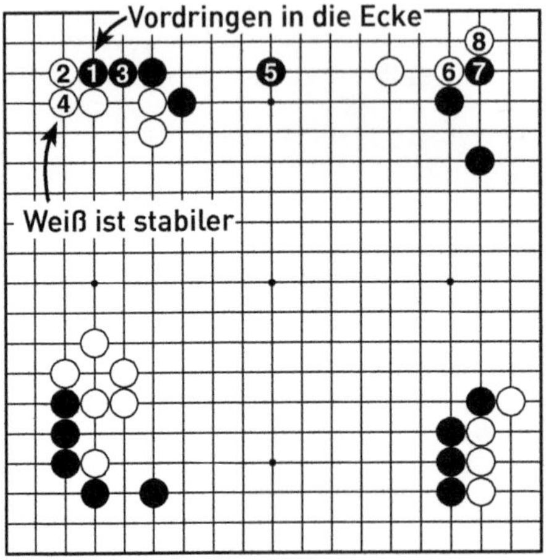

13

Alternative für Schwarz

Statt 4 in Diagramm 9 ist 1 eine kraftvolle Alternative für Schwarz. Antwortet Weiß auf 2, so ist Schwarz einen Schritt weiter in die Ecke vorgedrungen. Im Gegenzug ist nun ein Eindringen in die linke Seite gewagter. Somit gibt es ebenso Vor- wie Nachteile.

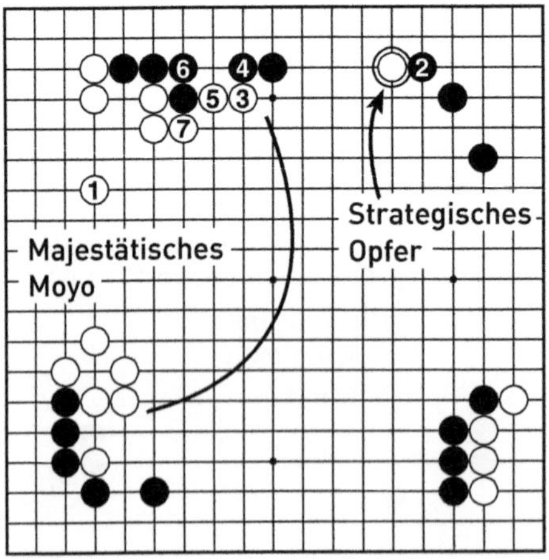

14

Ein anderer Weg für Weiß

Statt 1 in Diagramm 11 ist auch Weiß 1 hier denkbar. Nach dem Kontakt-Kosumi 2 baut Weiß seine Wand weiter aus. Die Ecke rechts oben wird leicht behandelt. Das ist auch eine Möglichkeit, die Partie fortzusetzen.

15

Die Partie 1

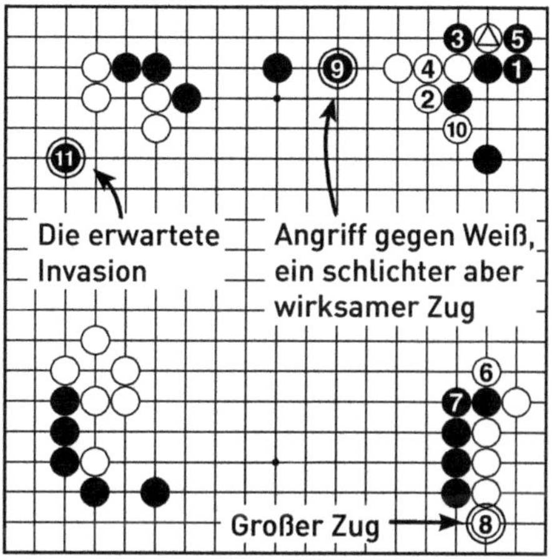

In der Partie hat Schwarz nach dem markierten Stein auf 1 gestreckt. Dieser Zug ist schwer zu finden. Es ist jedoch der Zug, der von der KI hier empfohlen wird. Er zielt darauf ab, die weißen Steine mit 9 anzugreifen.

16

Die Partie 2

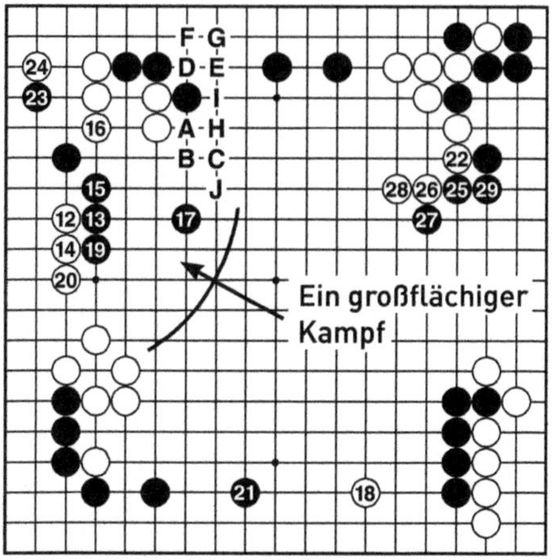

Weiß 12 ist eine natürliche Antwort und leitet den Kampf ein. Auf Schwarz 17 reagiert Weiß mit Tenuki, denn Weiß kann nach Schwarz A mit der Abfolge B bis J kontern. Statt Weiß 26 wäre ein Zug auf C ebenfalls wirksam, auch wenn er ein wenig trivial anmutet.

Die Partie

Züge nach 81 weggelassen.
Schwarz gewinnt im Mittelspiel durch Aufgabe.

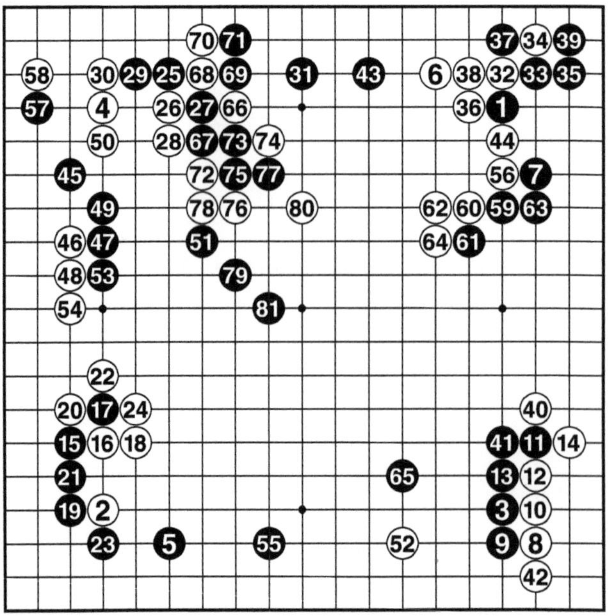

In der zweiten Partie treffen zwei chinesische Spitzenspieler im Halbfinale des Bailing Cup aufeinander: Ke Jie 9p vs. Chen Yaoye 9p.

Partie 2

Dies ist eine eindrucksvolle Partie mit ambitionierten Techniken, insbesondere von Weiß in der rechten oberen Ecke.

(1 – 13)

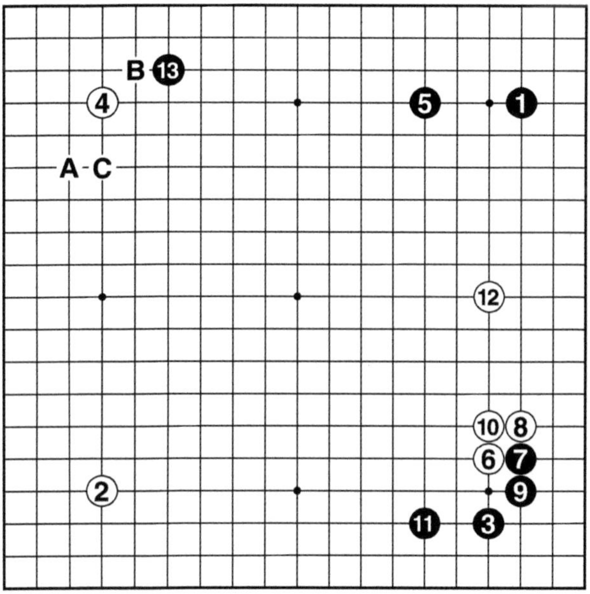

Weiß am Zug

Als Antwort auf Schwarz 13 wendete Weiß hier den KI-Stil an. Es sieht wie ein schlechter Zug aus, jedoch wird anhand dieser Partie aufgezeigt, warum die KI diese Art von Zügen häufig spielt.

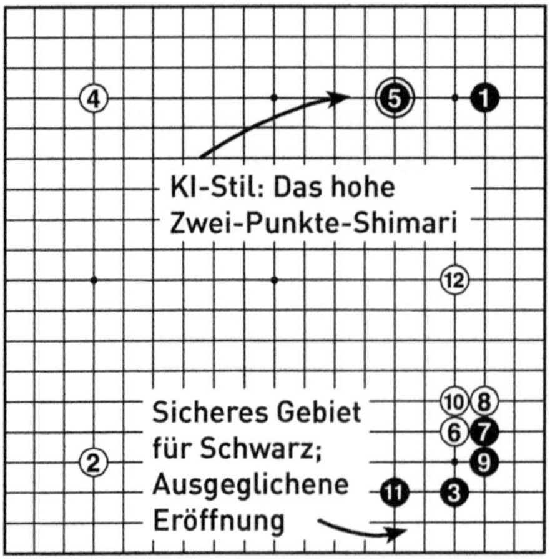

1

Die Partie

Das weite hohe Shimari wird häufig von der KI gewählt. Als Reaktion auf den 3-4-Punkt rechts unten, wird häufig das niedrige Kakari gespielt. In dieser Stellung jedoch ist das hohe Kakari 6 ein typischer Zug. Die Entwicklung bis 12 sieht man heutzutage häufig.

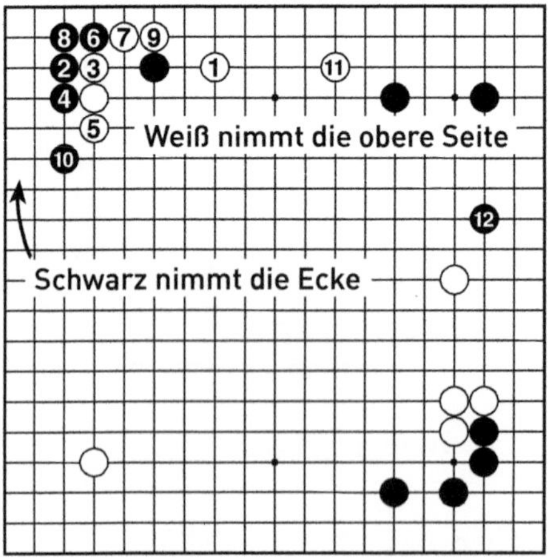

2

Beispielvariante

Auf das Kakari links oben kann Weiß mit dem Klemmen 1 antworten. Die Abfolge bis 12 zeigt eine mögliche Fortsetzung. Alle Optionen in der Problemstellung sind exzellente Züge, ihre Bewertung unterscheidet sich nicht dramatisch. Die KI bevorzugt den Zug, den Weiß in der Partie spielte.

3

A
Keima

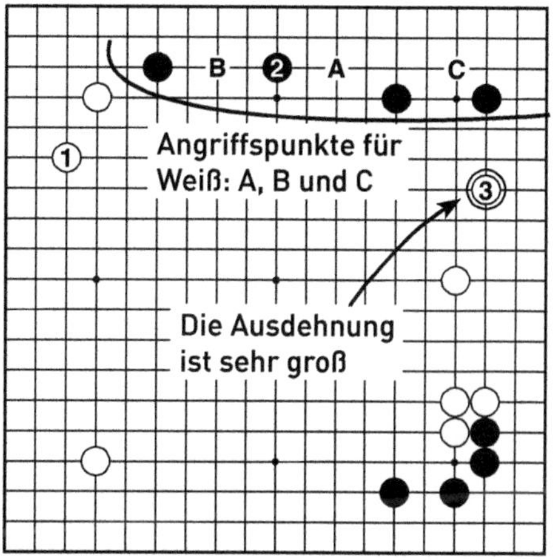

Das Keima 1 ist die gewöhnlichste Antwort. Spielt Schwarz nun 2, dann bekommt Weiß die große Ausdehnung 3. Es gibt in dieser Entwicklung nichts zu beklagen.

4

Anlegen
und Hane

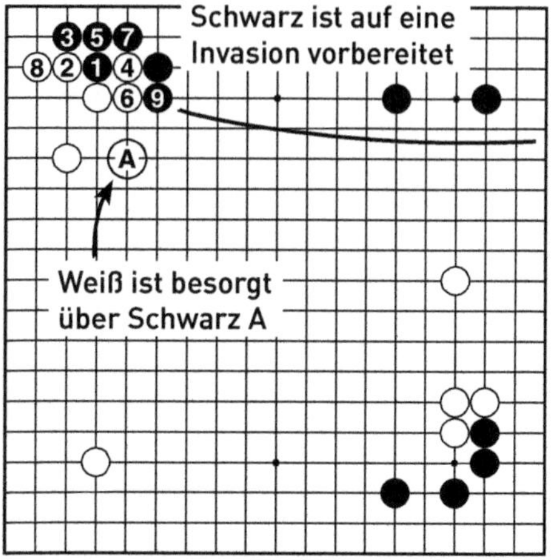

Von allen KI-Zügen sind Schwarz 1 und 3 hier sehr leicht zu verstehen und auch von Amateuren einfach umzusetzen. Sie sollen die obere Seite ausbauen, indem sich an Weiß angenähert wird. Der nächste Punkt für Schwarz ist A.

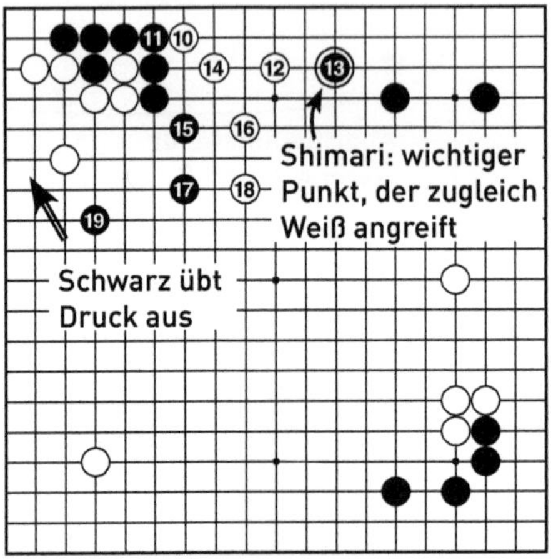

5

Angriffsziel oben links

Spielt Weiß eine Invasion am oberen Rand, dann ist die Entwicklung bis 19 denkbar. Schwarz erreicht genug, wenn er Weiß oben links bedrängen kann. Wenn Weiß statt 12 auf 13 springt, dann kontert Schwarz natürlich selbst auf 12.

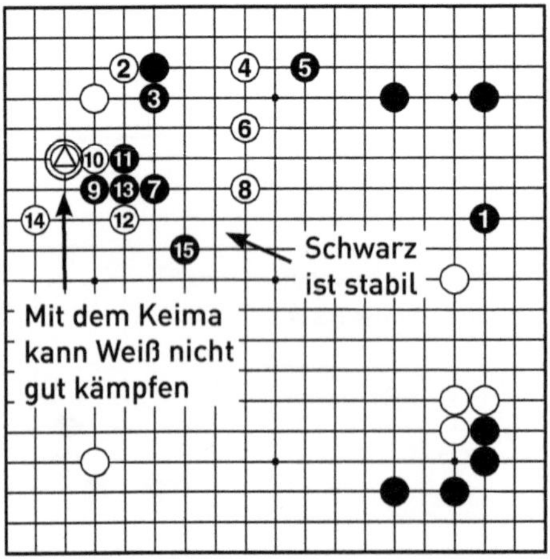

6

Kontakt-Kosumi

Für Weiß ist im Fall des Keima das Kontakt-Kosumi 2 nicht so kraftvoll, wenn Schwarz erst einmal den großen Punkt 1 besetzt. Nach Weiß 2 und 4 sind Schwarz 5 bis 15 eine übliche Taktik eines Gegenangriffs.

7

C
Ein-Punkt-Sprung

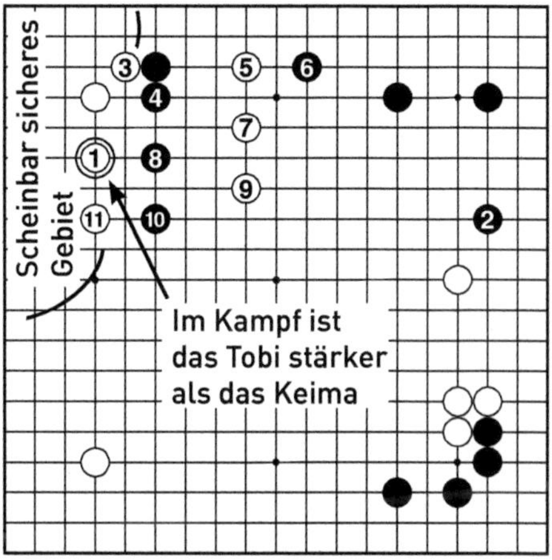

Das Tobi, der Ein-Punkt-Sprung, ist ein oft gespielter Zug, auch wenn er deutlich seltener als das Keima ist. Der Vorteil ist, dass Weiß nach dem Kontakt-Kosumi 3 vehementer kämpfen kann, sollte Schwarz mit 2 Tenuki spielen.

8

Nozoki außen

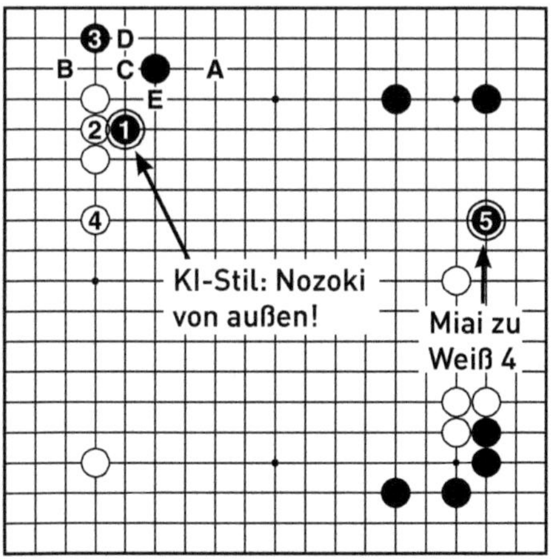

Nach dem Tobi empfiehlt die KI, sofort das Nozoki 1 von außen zu spielen. Das verhindert die Zugfolge Weiß A bis E. Zudem wäre Weiß B nach Schwarz 3, dem Gleiten in die Ecke, ein verfehlter Zug. Hier wird eine mögliche Variante gezeigt. In der Partie hat sich Weiß für Züge entschieden, die sicheres Gebiet nehmen.

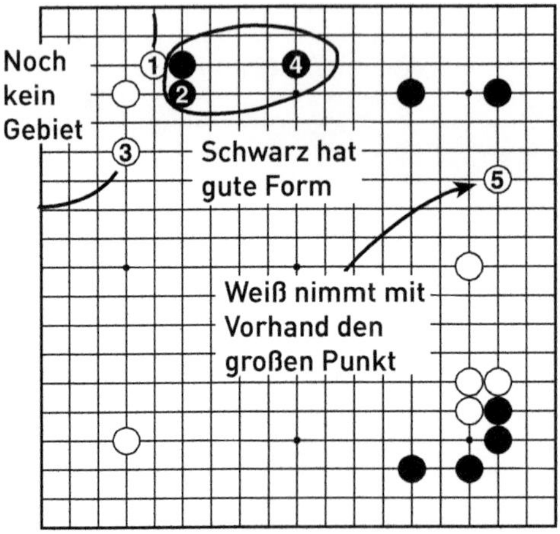

9

B
Richtig

Das Kontakt-Kosumi galt als schlecht, da Schwarz gute Form macht und in der Ecke Schwächen zurückbleiben. Für Weiß spricht hingegen, dass er nach 4 Vorhand nehmen kann, um den großen Punkt 5 zu besetzen.

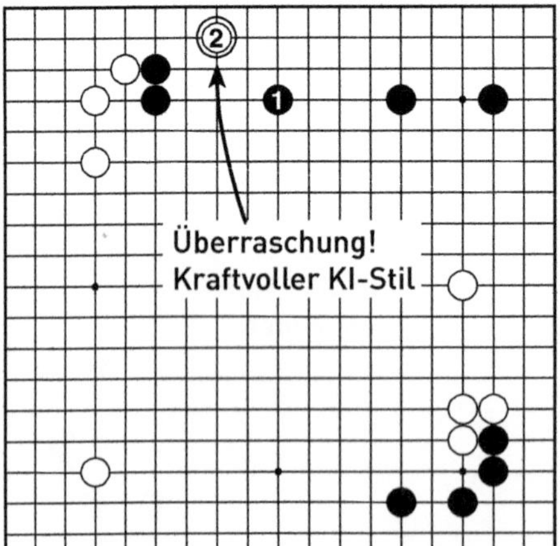

10

Oki auf der zweiten Linie

Spielt Schwarz die hohe Ausdehnung 1, dann antwortet Weiß sofort mit dem Oki 2. Es ist schwierig, wie Schwarz mit diesem Zug umgehen soll. Ich war sehr überrascht, als ich diesen Zug das erste Mal sah. Er beschränkt sich nicht nur auf die Ecke, es ist ein global starker Zug.

11

Weiß nimmt sicheres Gebiet

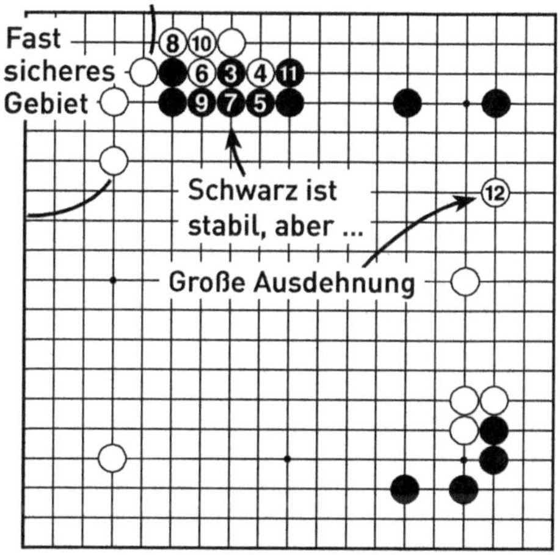

Schwarz 3 ist eine normale, sichere Antwort. Folgen die Züge bis Schwarz 11, dann nimmt Weiß Vorhand und besetzt mit 12 den großen Punkt.

12

Weiß ist zufrieden

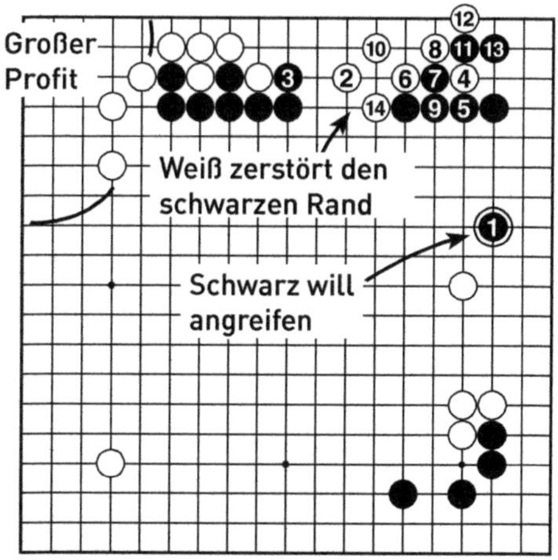

Greift Schwarz mit 1 die weiße Stellung rechts an, dann sind Weiß 2 und 4 eine starke Kombination, die das schwarze Moyo ruinieren. Das ist nur eine Variante, aber hier gibt Schwarz Weiß zu leicht sicheres Gebiet. Für Weiß ist dies eine zufriedenstellende Entwicklung.

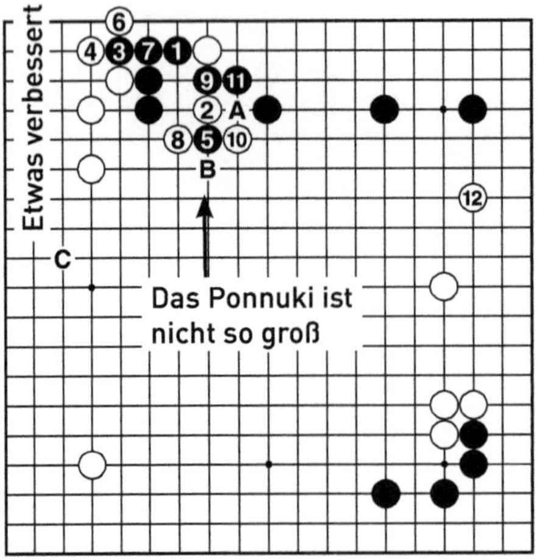

13

Beispiel für eine Variante

Statt Schwarz 3 in Diagramm 11 ist die Abfolge vom Kosumi 1 bis 11 eine mögliche Variante. Die obere Seite ist etwas reduziert und Weiß wendet sich 12 zu. Weiß 11 statt 10 ist gefährlich, denn Schwarz trennt auf A. Als Nächstes überlässt Weiß Schwarz mit B die obere Seite und nimmt selbst mit C den linken Rand.

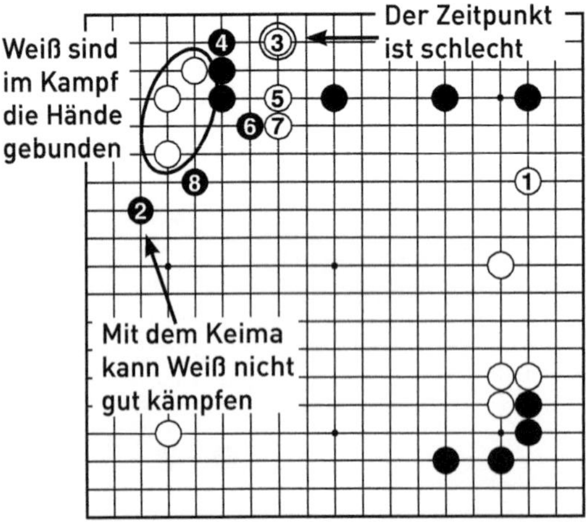

14

Bedeutung des frühen Oki

Wenn Weiß erst nach Schwarz 2 das Oki 3 spielen würde, dann würde Schwarz mit 4 kontern. Nachdem Schwarz mit 8 die Ecke einschließt, steht Weiß eine schwere Zeit bevor.

(14 – 19)

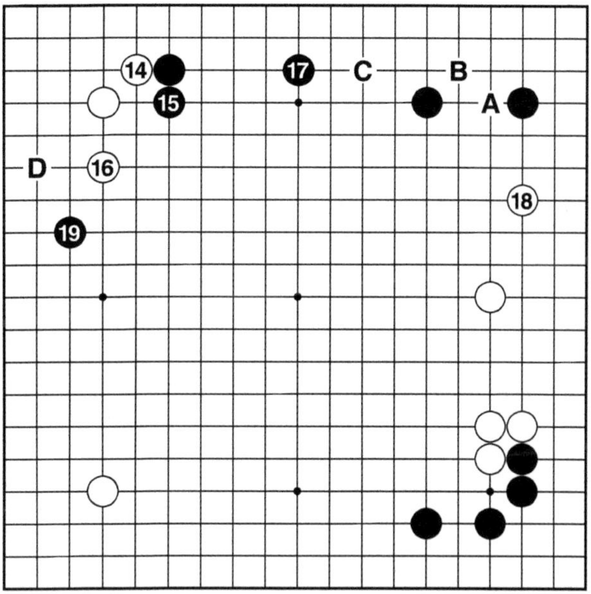

Weiß am Zug

In der Partie griff Schwarz mit dem Klemmzug 19 an und setzte die weiße Ecke unter Druck. Wie hat Weiß geantwortet?

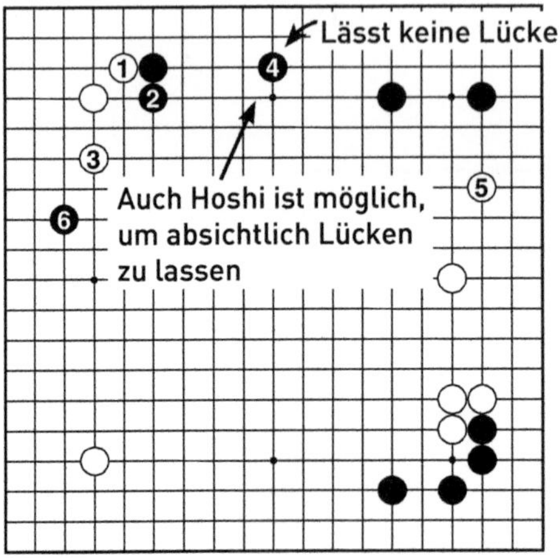

1

Partieverlauf

Die hohe Ausdehnung wirkt besser ausbalanciert, doch gibt es zahlreiche Spieler, die das Oki auf der zweiten Linie fürchten und daher tief spielen. Zudem steht Schwarz sicher. Ein Nachteil ist jedoch, dass Weiß die obere Seite leichter reduzieren kann, da Schwarz so niedrig steht.

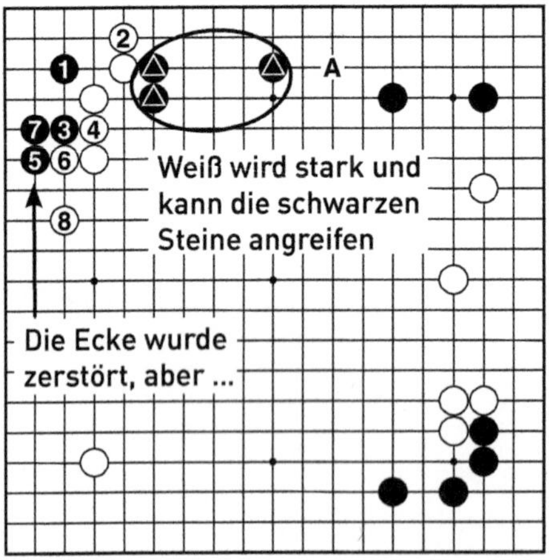

2

3-3-Invasion von Schwarz

Springt Schwarz in die Ecke, so kann Weiß ihn hier klein leben lassen. Danach ist ein Angriff auf A eine ernste Gefahr, mit dem Weiß die Stärke seiner Steine ins Spiel bringen kann. Die Invasion auf 3-3 erscheint daher verfrüht.

3

D

Passiv

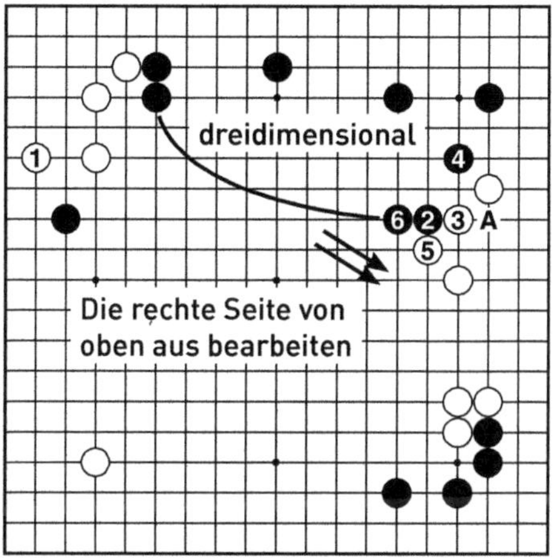

Weiß 1 ist eine normale, aber etwas passive Spielweise. Schwarz spielt 2 mit der Absicht, die rechte Seite anzugreifen und gleichzeitig die obere Seite auszubauen.

4

Konter mit dem Kosumi

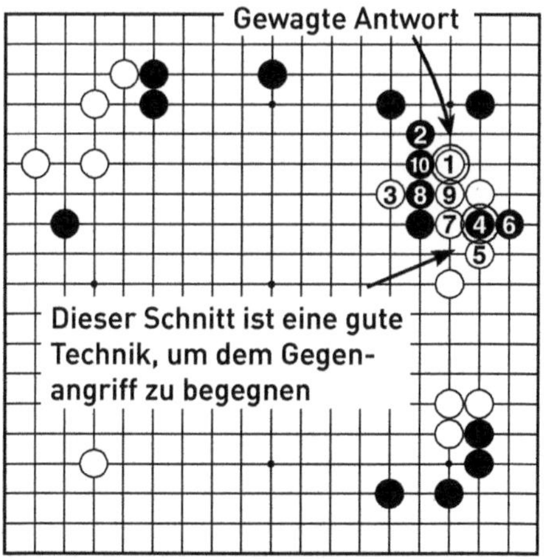

Das Kosumi 1 ist eine gewagte Antwort. Schwarz nutzt die Gelegenheit um mit 2 die Ecke zu sichern und die Stellung zu stärken. Setzt Weiß mit 3 fort, dann legt Schwarz auf 4 an. Nach 5 schneidet Schwarz solide mit 8 und 10. Dieses Ergebnis ist gut für Schwarz.

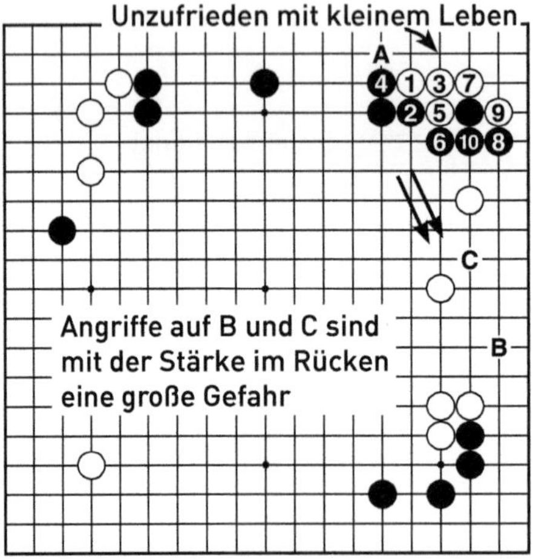

5

B
Fragwürdig

Mit der Invasion auf 1 kann Weiß die Ecke ruinieren, jedoch ist es in dieser Phase der Partie fragwürdig, Schwarz so zu stärken. Weiß lebt nach einem Zug auf A, aber der Schaden für den rechten Rand ist immens.

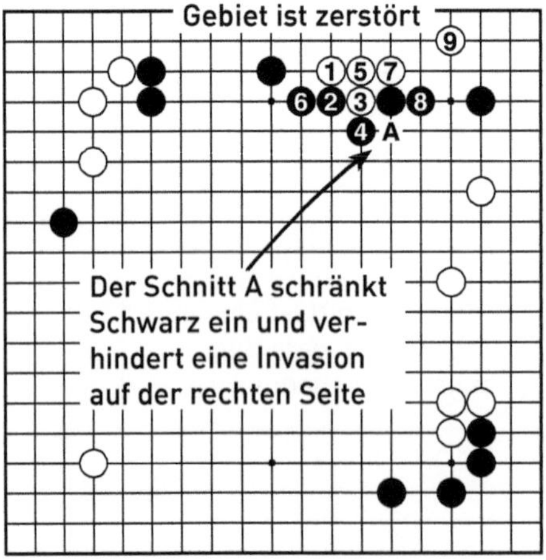

6

C
Angemessener
Zug

Die Invasion 1 ist ein guter Zug für das Eindringen in den oberen Rand. Nach 2 bis 9 ist der Rand zerstört und Weiß zufrieden. Selbst wenn Weiß ebenso vage lebt, so ist dieses Diagramm dem vorigen doch klar vorzuziehen.

7

Stärken durch Angriff

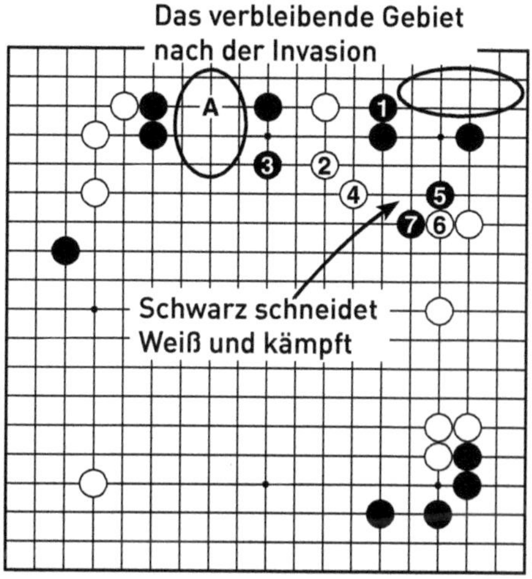

Es scheint für Schwarz besser, Weiß mit 1 in die Mitte hinauszudrängen. Nach Weiß 2 greift Schwarz mit 3 an. Damit kümmert er sich gleichzeitig auch um den Schwachpunkt A. Nach Weiß 4 wird Schwarz 5 und 7 spielen und kämpfen.

8

Eingezwängt

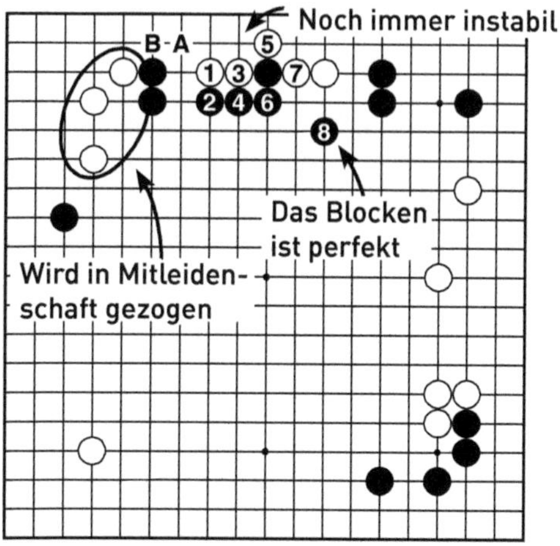

Weiß möchte gern auf 1 invadieren, doch Schwarz braucht nicht besorgt zu sein. Mit den Zügen bis 8 wird er stark und wenn Weiß A für B abtauscht, dann wird die Ecke links oben in Mitleidenschaft gezogen.

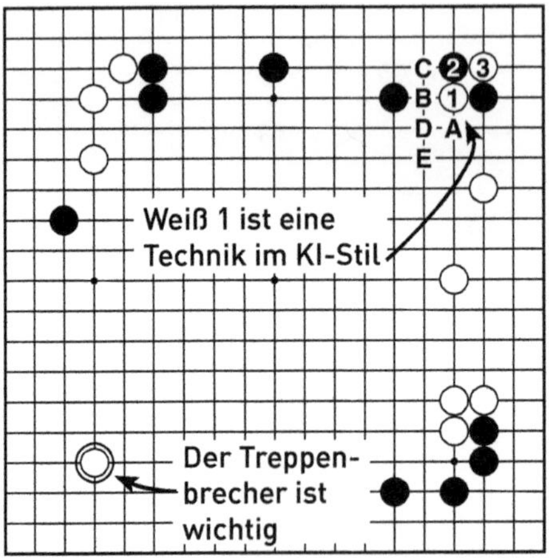

9

A
Richtig

Weiß schneidet mit 1 und 3. Egal wie Schwarz antwortet, Weiß kommt gut dabei heraus. Auf den ersten Blick sieht dies heftig aus, aber wenn Schwarz A bis E spielt, entsteht eine Treppe, deren Verlauf gut für Weiß ist.

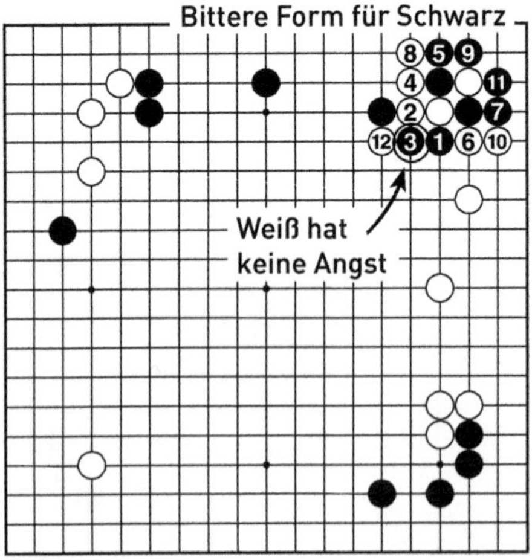

10

Atari von oben

Die Atari 1 und 3 von oben sind selbstsichere Züge, doch Weiß kann Sabaki machen. Nach den Kikashi 8 und 10 schneidet Weiß auf 12.

11

Okay für Weiß

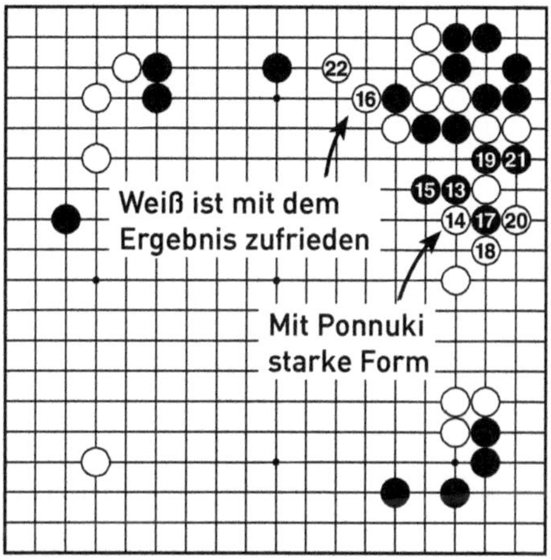

Wenn Schwarz mit 13 kämpft, opfert Weiß nach dem Schnitt 17 zwei Steine. Das Ergebnis nach Weiß 22 ist gut für Weiß: Der obere Rand wurde aufgebrochen und die rechte Seite sichtbar gestärkt.

12

Klare, einfache Spielweise für Weiß

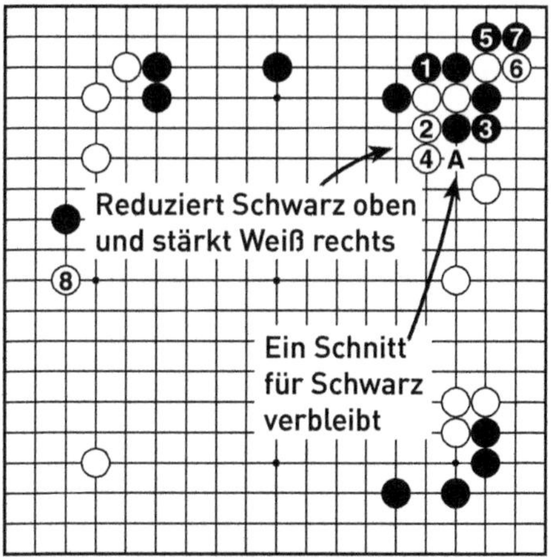

Spielt Schwarz das Atari 1 von unten, dann muss er mit 3 decken. Das Strecken auf 4 ist eine einfache Spielweise. Die schwarze Stellung oben wird etwas reduziert und Weiß stärkt die rechte Seite. In der Partie spielte Weiß stattdessen das Strecken auf 5 und erreichte so noch mehr.

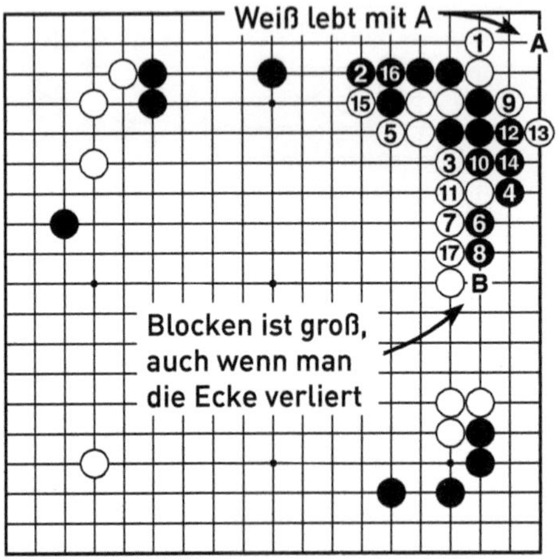

13

Komplizierte Variante

In der Partie setzt Weiß mit 1 und 3 fort. Hier ist denkbar, dass Schwarz die Ecke nicht nimmt und statt dessen auf 4 anlegt. Weiß ignoriert diesen Zug und kontert mit 5. Der Kampf ist schwierig, die gewählte Fortsetzung bis 17 ist für Weiß spielbar.

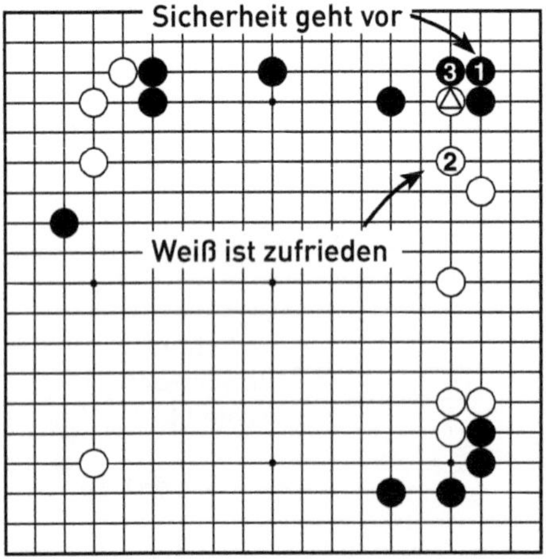

14

Annehmbare Antwort für Schwarz

Wenn Weiß mit dem markierten Stein anlegt, ist Schwarz 1 eine annehmbare Spielweise und Weiß springt auf 2. Weiß steht gefühlt etwas besser da, doch Schwarz hat eine sichere Variante gewählt, die auf eine lange Partie abzielt.

15

Die Partie 1

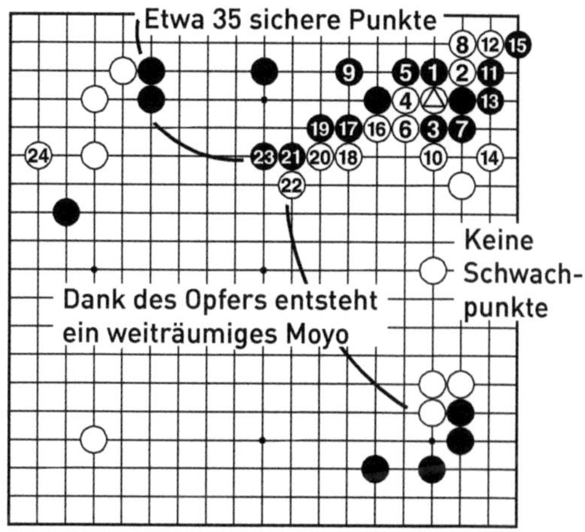

Nach dem Anleger △ spielte Schwarz 1 und die Sequenz bis 23 folgte. Die Abbildung verdeutlicht die weiße Strategie, die Ecke für eine Stärkung der eigenen Stellung zu opfern. Weiß ist zufrieden. Er nimmt Vorhand und verteidigt die noch offene Ecke mit 24.

16

Die Partie 2

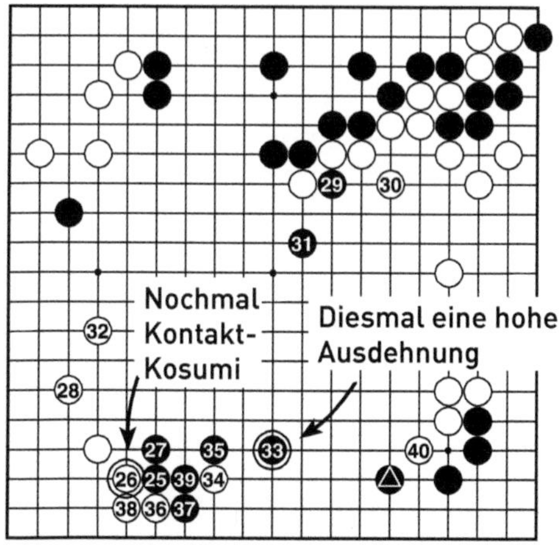

Mit 26 wählte Weiß wieder das Kontakt-Kosumi. Schwarz schätzte die Gefahr einer drohenden Invasion gering ein und wählte daher die hohe Ausdehnung, da sie zum markierten Stein besser ausgewogen steht als die niedrige. Weiß spielte mit 36 und 38 das Hane und Verbinden und nahm schließlich Vorhand für 40.

Die Partie

Züge nach 91 weggelassen.
Schwarz gewinnt mit 1,5 Punkten.

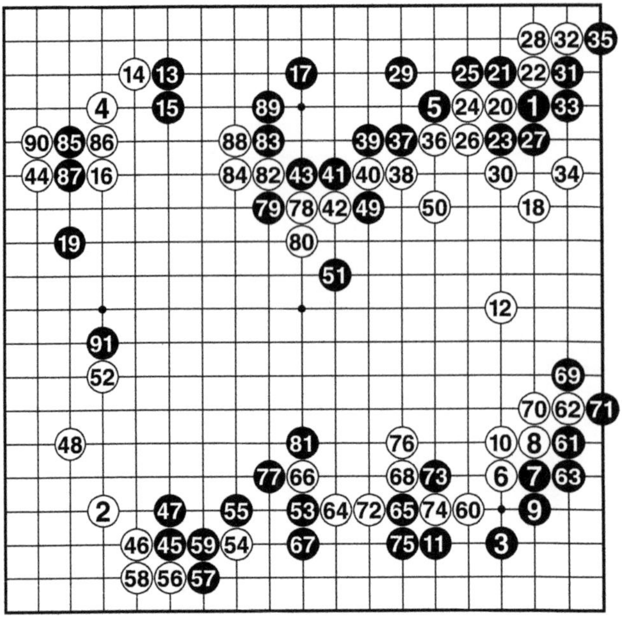

In der nächsten Partie treffen Iyama Yuta und Shibano Toramaru in der Meijin-Liga aufeinander. Iyama hält zu dieser Zeit sieben große Titel. Shibano ist ein aufstrebender 19-Jähriger, der durch bemerkenswerte Erfolge auf sich aufmerksam macht. Wenn dieses Buch erscheint, dann hat Shibano sicher auch schon den Meijin gewonnen*.

(* So ist es: Am 7.10.2019 gewann Shibano mit 4-1 den 44. Meijin.)

Partie 3

In der Ecke links oben wurde eine berühmte Variante eines KI-Joseki gespielt. Wer sie nicht kennt, tut gut daran, sie sich anzusehen.

(1 – 10)

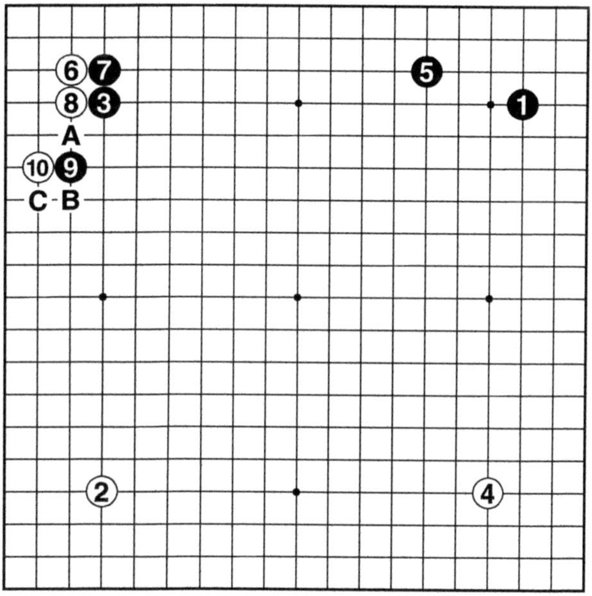

Schwarz am Zug

Nach Schwarz 9 ist ein Zug auf A die häufigste Antwort von Weiß. Es gibt jedoch einen feinen Unterschied, wenn Weiß zuerst auf 10 anlegt.

In der Partie versuchte Schwarz, nicht auf die weißen Erwartungen einzugehen, und wählte eine komplizierte Variante.

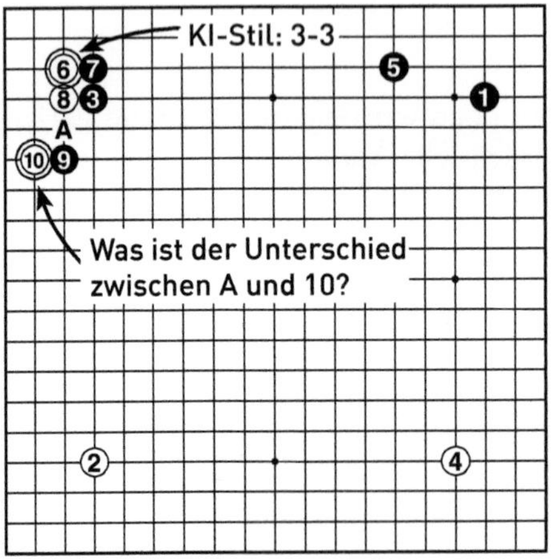

1

Partieverlauf

In der Partie ist Weiß auf 3-3 invadiert und die Abfolge bis 10 wurde gespielt. Die 3-3-Joseki wurden – mit Hilfe von KI – intensiv studiert und so sind in den letzten Jahren viele neue Varianten entstanden. Die hier gewählte ist ebenfalls eine der modernen Entwicklungen.

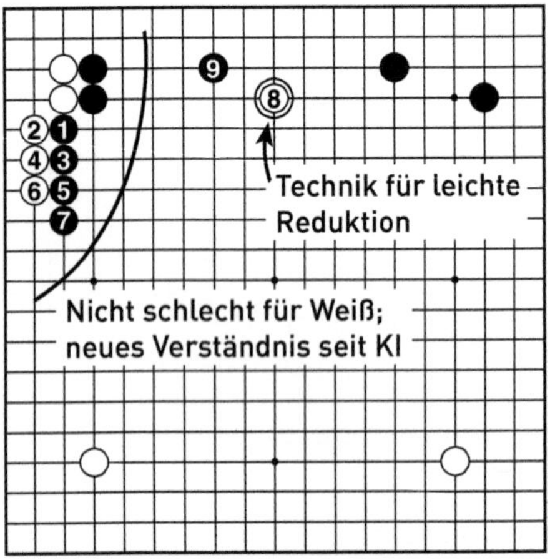

2

Beispiel für eine Variante 1

Das bewährte Joseki mit Schwarz 1 und 3 sieht man in der Profi-Welt nicht mehr. Die KI betrachtet die Stellung nach 7 als etwas unbefriedigend für Schwarz. Bis vor einigen Jahren galt dieses Ergebnis als schlecht für Weiß.

3

Beispiel für eine Variante 2

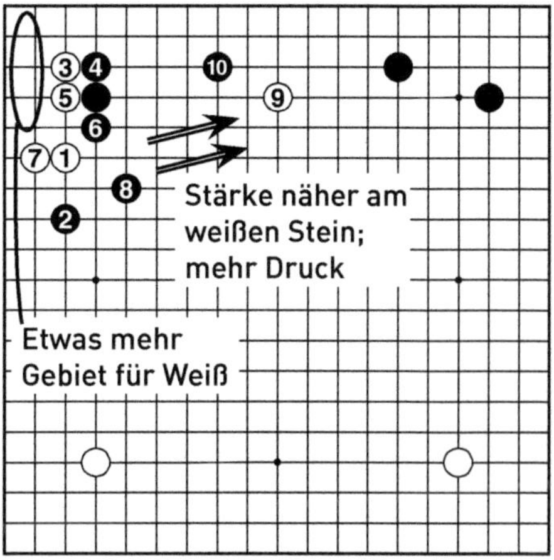

Es gibt immer noch Widerwillen gegen die 3-3-Invasion, da viele denken, sie seien an die Abfolge im Beispieldiagramm 1 gebunden und sie das Ergebnis für Weiß nicht mögen. Vergleichen wir die vorherige Stellung mit einem ähnlichen Standardjoseki.

Das Joseki in der Beispielvariante 2 gilt für Schwarz als etwas nachteilig, falls kein schwarzer Stein auf 9 steht. Auch die KI bewertet die Stellung so, dass Weiß etwas im Vorteil ist. Doch die KI sagt auch, dass Weiß mit dem Joseki in der Beispielvariante 1 einen etwas größeren Vorteil hat.

Wenn Sie hören, dass die schwarze Stellung hier etwas besser als das reguläre Joseki ist, können Sie da verstehen, dass die 3-3-Invasion an Bedeutung gewonnen hat?

Die 3-3-Invasion wird hier weiter erläutert, jedoch gibt es viele komplizierte Varianten. Es ist daher wichtig, diese zu kennen, denn man kann nicht einfach auf 3-3 invadieren ohne ein Gespür dafür zu haben, dass Weiß mit der mittelmäßigen Form im letzten Diagramm als Ergebnis gut leben kann.

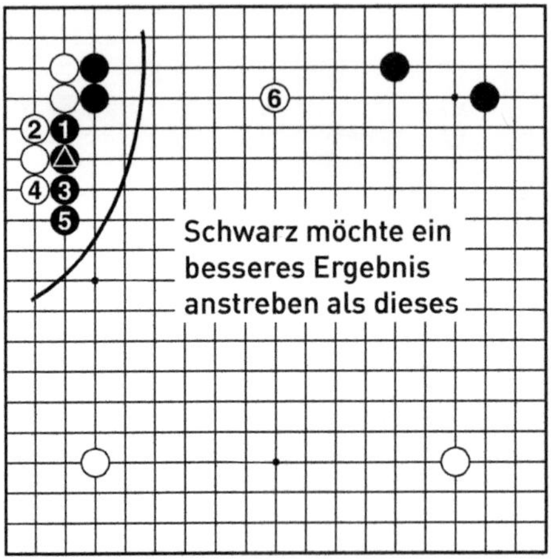

4

A
Zurück zu Diagramm 2

Mit A kehrt Schwarz zur Diagramm 2 zurück. Wenn Sie damit zufrieden sind, können Sie getrost Schwarz 1 spielen. Doch verfügt man schon über den markierten Stein, so möchte man ein besseres Ergebnis erzielen als dieses hier.

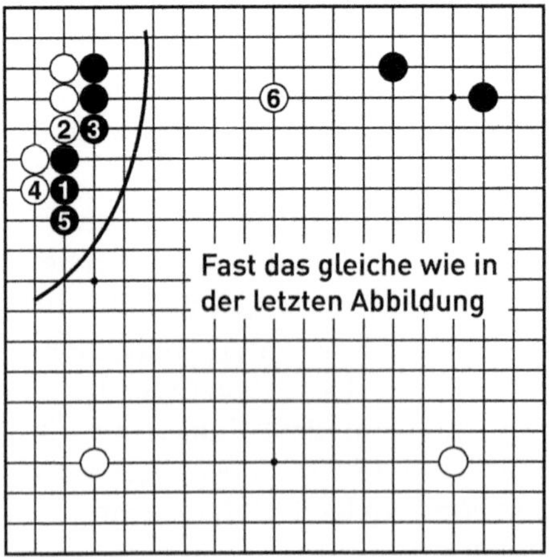

5

B
Ziel von Weiß

Das Strecken auf 1 ist normal, doch das Ergebnis ist genau das, was Weiß erreichen möchte. Der Grund dafür wird im nächsten Diagramm gezeigt.

6

Besserer Weg für Schwarz

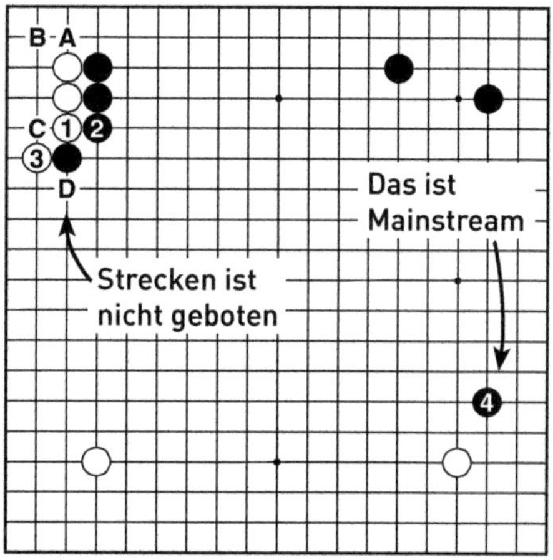

Wenn Weiß 1, Schwarz 2 und Weiß 3 gespielt werden, dann muss Schwarz nicht strecken, sondern kann mit 4 Tenuki spielen oder mit A bis C die Ecke links oben angreifen. Es gibt nur wenige Beispiele, in denen D gespielt wird. Im vorherigen Diagramm wurde Schwarz gezwungen, auf D zu spielen.

7

Tenuki ist gefährlich

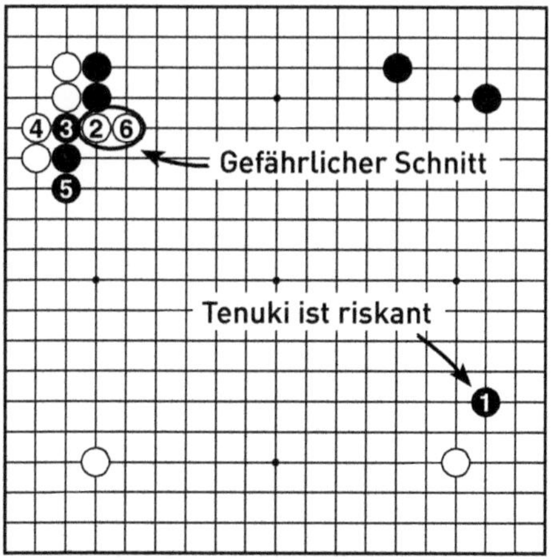

Tenuki zu spielen und Weiß 2 zuzulassen ist bedenklich. Schwarz ist nach dem Strecken von Weiß auf 6 mit Problemen konfrontiert. Daher spielt er statt 1 lieber in der Ecke links oben.

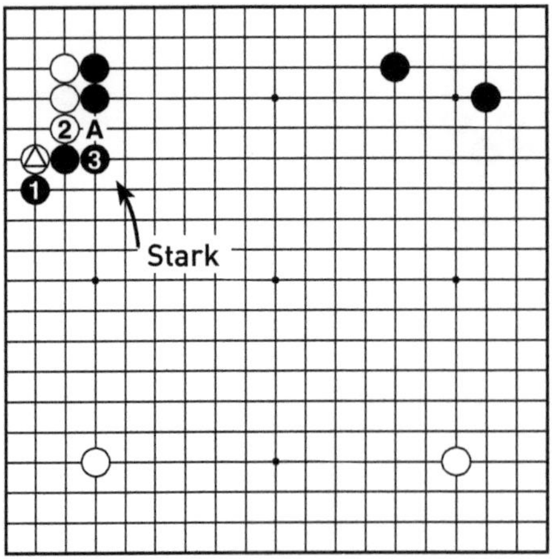

8

C
Richtig

Das Blocken auf 1 ist ein scharfer Zug und lässt Weiß bedauern, den markierten Stein gespielt zu haben. Früher hätte Schwarz nach Weiß 2 fast immer A gespielt. Die neuen Varianten werden in den folgenden Diagrammen erläutert.

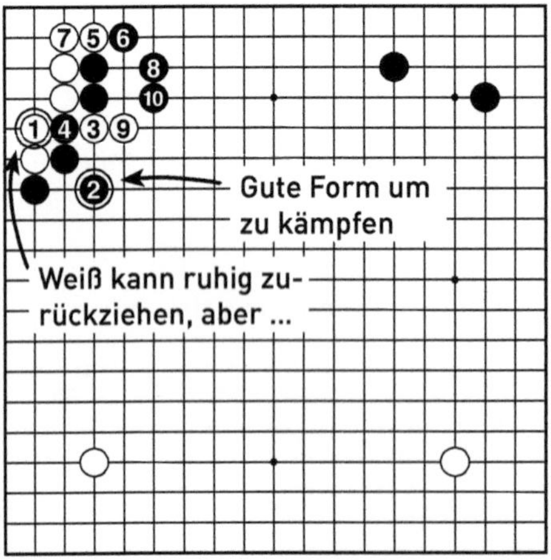

9

Schwarz kann kämpfen

Wenn Weiß auf 1 zurückzieht und Schwarz dann auf 2 antwortet, so wird Weiß mit 3 hinauslaufen. Dieser Kampf ist jedoch nicht schlecht für Schwarz.

10

Wenn Weiß außen schneidet

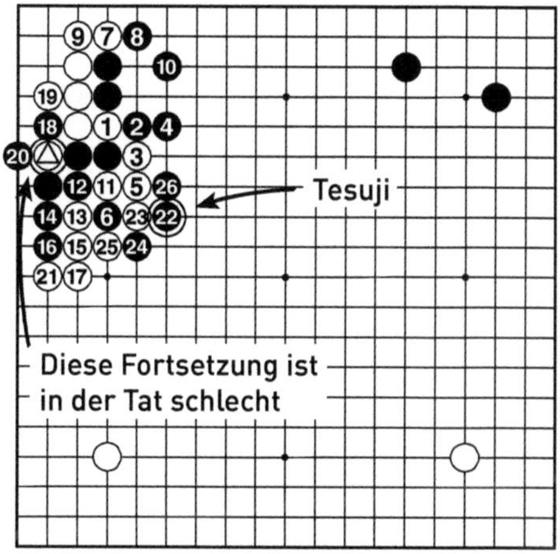

Als Fortsetzung von Diagramm 8 könnte Weiß nach 1 und Schwarz 2 mit 3 außen schneiden. Aber dann wird der markierte Stein zu einem deutlich schlechten Zug. Deshalb ist der Schnitt für Weiß schwerlich spielbar. In der weiteren Fortsetzung ist Schwarz 22 ein starkes Tesuji.

11

Ohne Hane nicht spielbar

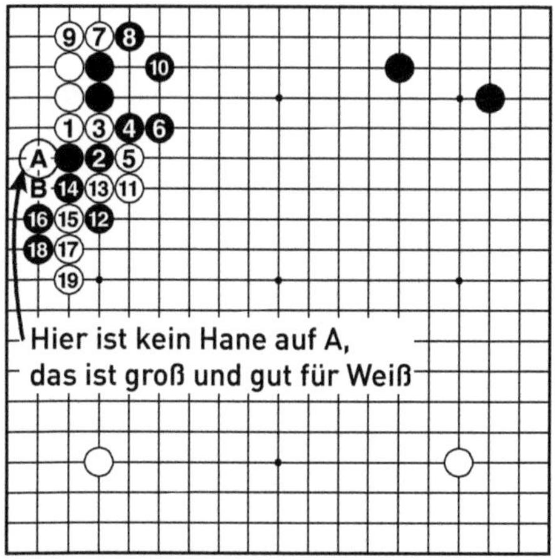

Nach Weiß 1 ist es nicht einfach für Schwarz wie im vorherigen Diagramm auf 2 zu spielen, denn Weiß kommt gut dabei heraus. Meist spielt Schwarz nicht 2, wenn nicht zuvor Weiß A gegen Schwarz B abgetauscht wurde.

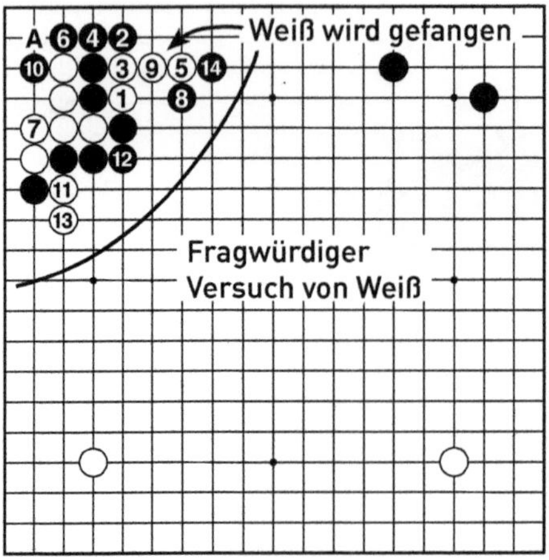

12

Weiß schneidet oben

Weiß sollte statt 3 im Diagramm 10 mit 1 oben schneiden. Schwarz antwortet mutig mit 2. Das Atari 3 ist eine plumpe Spielweise und gut für Schwarz. Auch die Entwicklung bis 14 ist gut für Schwarz. Wenn Weiß nach 6 auf A blockt, dann spielt Schwarz auf 7.

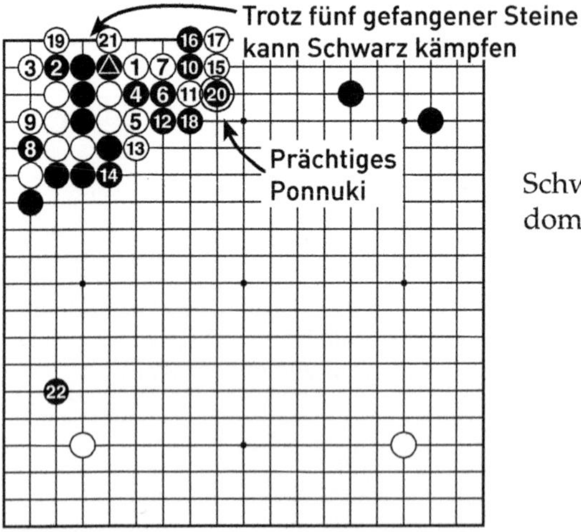

13

Schwarz dominiert

Das Blocken mit 1 ist zu gefährlich. Weiß steht unten rechts und somit läuft die Treppe für ihn. Das ist unbequem für Schwarz und nicht leicht zu spielen. Doch er spielt wie hier gezeigt und opfert den markierten Stein für Einfluss, wonach er das weitere Geschehen dominiert.

(11 – 20)

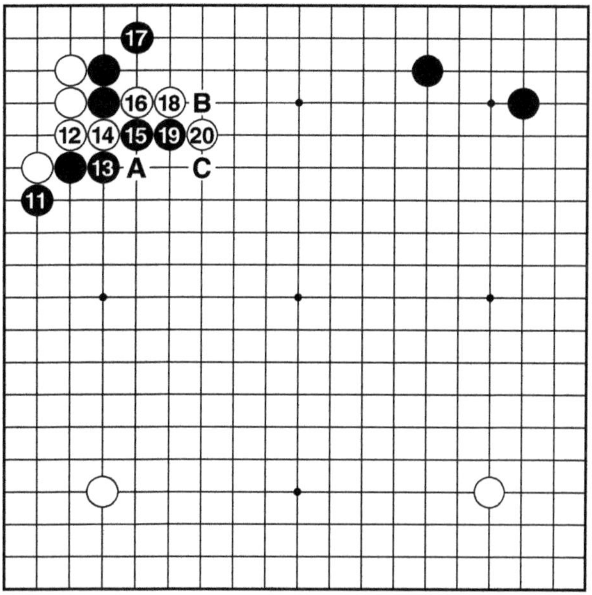

Schwarz am Zug

Gegen den Plan von Weiß hat Schwarz auf 11 gespielt und somit begann ein kompliziertes Joseki. Nach dem Hane 20 kann Schwarz so antworten, dass das Spiel sehr kompliziert wird. Ich persönlich finde, dass die in der Partie gewählte Fortsetzung einfacher zu verstehen ist.

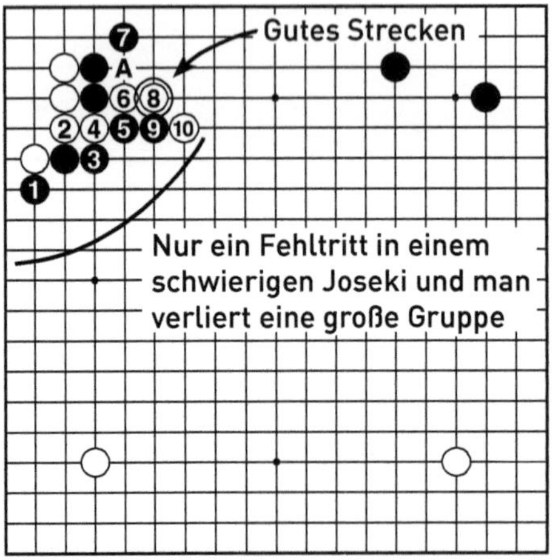

1

Partieverlauf

Weiß 8 ist der angemessene Zug, während A zu nichts führt. Wenn man sich mit dieser Form nicht im Vorfeld vertraut gemacht hat, dann begibt man sich hier in ein Risiko, eine große Gruppe zu verlieren.

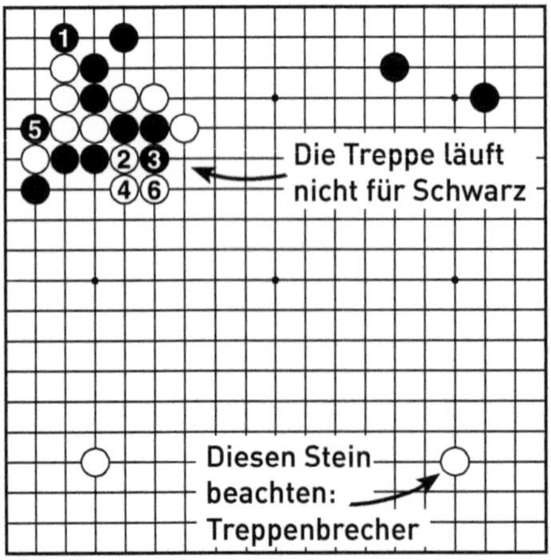

2

Vorsicht: Treppe

Geht Schwarz mit 1 in die Ecke, dann muss vorher die Treppe nach Weiß 2 bis 6 geprüft werden. Diese Treppe ist auch für Weiß wichtig, denn steht rechts unten ein schwarzer Stein, ist sie für Weiß ebenso gefährlich. Diese Variante ist daher riskant, wenn die Treppe nicht läuft.

3

B

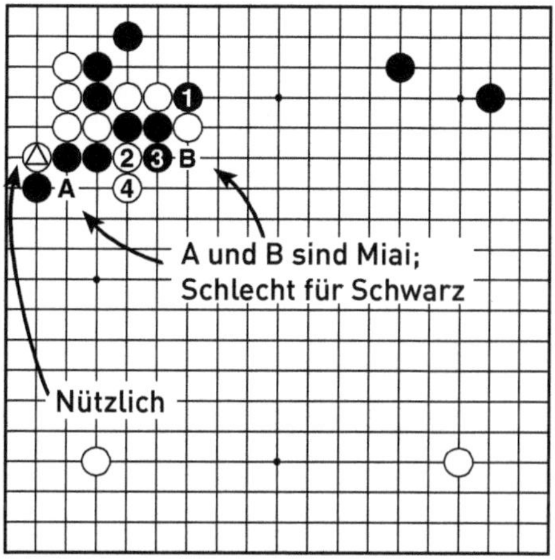

Der Schnitt 1 funktioniert nicht, denn Weiß schneidet mit 2 und 4 und droht entweder zwei Steine zu fangen oder die Treppe auf B. Das Hane (markierter Stein), welches eigentlich nicht gut ist, verschafft Weiß in diesem Fall einen wichtigen Vorteil.

4

C

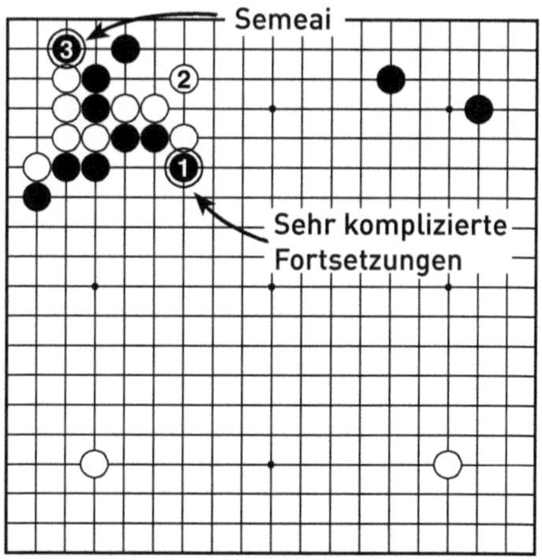

Das Hane 1 führt zu einer sehr komplizierten Variante. Die weitere Spielweise hängt von der Stellung auf dem gesamten Brett ab. Daher ist schwer zu sagen, welche Züge normal sind. In den folgenden Diagrammen sehen wir, wie die Fortsetzungen aussehen könnten.

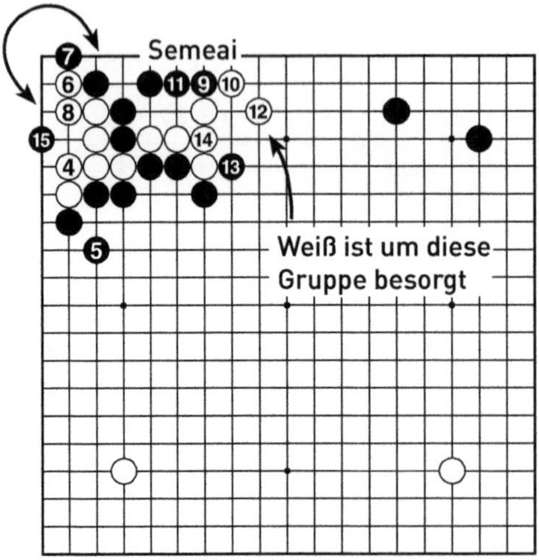

5

Semeai

Der obere Rand ist umkämpft. Doch je nach Situation kann die eine oder andere Seite diesen aufgeben. Das Überraschende ist, dass selbst Züge wie 9 und 11 gespielt werden, die man eigentlich nicht opfern möchte. Trotzdem gibt Schwarz sie manchmal wieder auf.

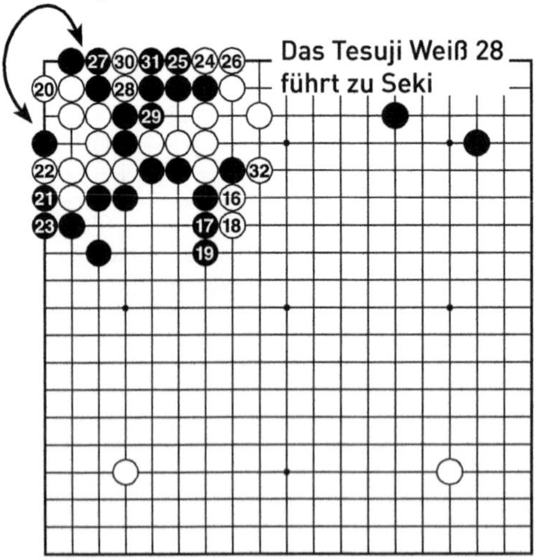

6

Seki ist etwas besser für Weiß

Weiß 28 ist ein Tesuji und führt zu Seki. Somit bekommt Weiß Vorhand. Mit dem Ergebnis bis 32 ist Weiß nicht unzufrieden. Über dieses Diagramm hinaus gibt es für beide Seiten weitere Züge und sehr komplizierte Varianten.

7

Beispiel aus einer Partie

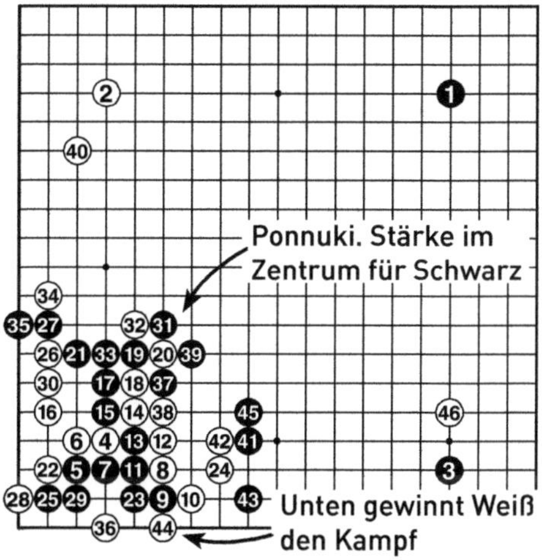

Eine ähnliche Aufteilung gibt es in der Partie zwischen Ke Jie 9p (W) und Xu Jiayang 8p (S) im Halbfinale des 8. Qisheng. Schwarz gibt die untere Seite auf, bekommt dafür jedoch Stärke im Zentrum.

8

A
Richtig

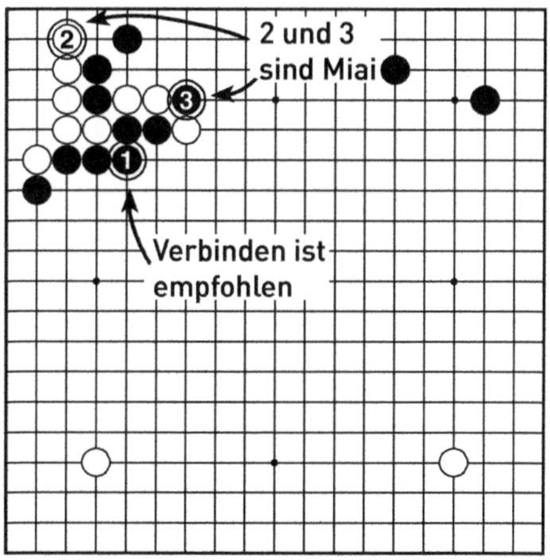

Schwarz 1 ist ein leicht verständlicher Zug. Doch was leicht zu verstehen ist, wird oft abgelehnt, weil es nicht zum Erfolg führt. Dem ist hier nicht so. Aus der Partiefortsetzung lässt sich erkennen, dass dies für Schwarz spielbar ist. Seine Strategie ist verständlich.

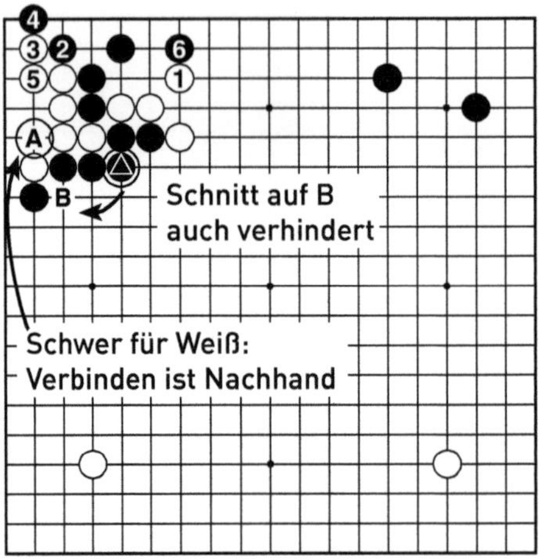

9

Vorteilhaft
für Schwarz

Die hängende Verbindung auf 1 wird mit dem Hane 2 beantwortet. Das Ergebnis ist nicht akzeptabel für Weiß. Schwarz ist nun im Vorteil, denn das Verbinden auf A ist Nachhand während er selbst, dank des markierten Steins, schon sicher verbunden ist.

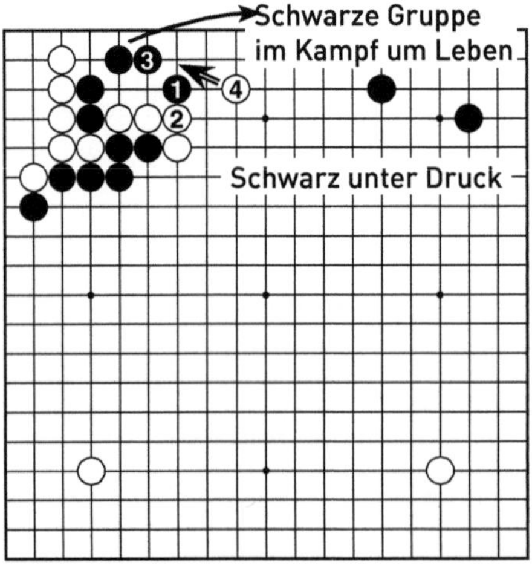

10

Flüchten
ist nicht gut

Spielt Weiß in der Ecke, dann ist das Loslaufen mit 1 eine schlechte Wahl. Schwarz muss auf 3 decken, um zu verhindern, dass Weiß zwei Steine fängt. Danach wird er von Weiß 4 angegriffen und bekommt somit eine schlechte Form.

11

Weiß erreicht nichts

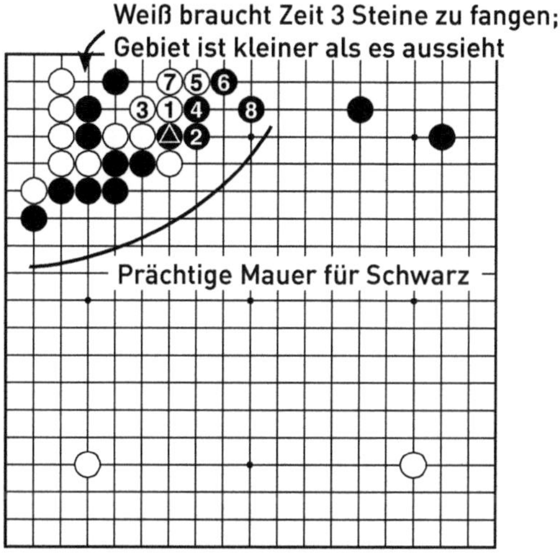

Daher ist es gut für Schwarz, mit dem markierten Stein zu schneiden und dann die Steine zu opfern. Weiß kann zwar mit 1 und 3 mehr Gebiet als in der Partie machen, jedoch ist Schwarz nach 8 enorm gestärkt. Folglich ist es für Weiß besser, wie in der Partie zu spielen.

12

Schwarzes Moyo am oberen Rand

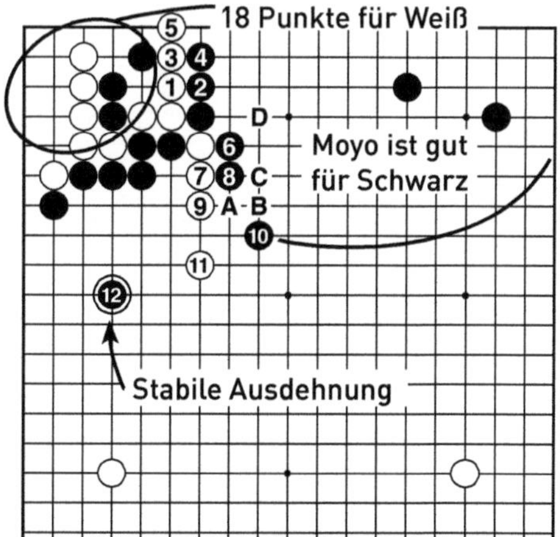

In der Partie hat Weiß 1 bis 5 gespielt und Schwarz gefangen. Nach 9 schob Schwarz auf A, doch auch 10 ist denkbar. Drückt Weiß hier mit A, dann blockt Schwarz auf B und der Schnitt C wird mit D beantwortet. In der tatsächlichen Partie hat Schwarz sehr wachsam gespielt, um sich keine Blöße gegenüber Weiß zu geben.

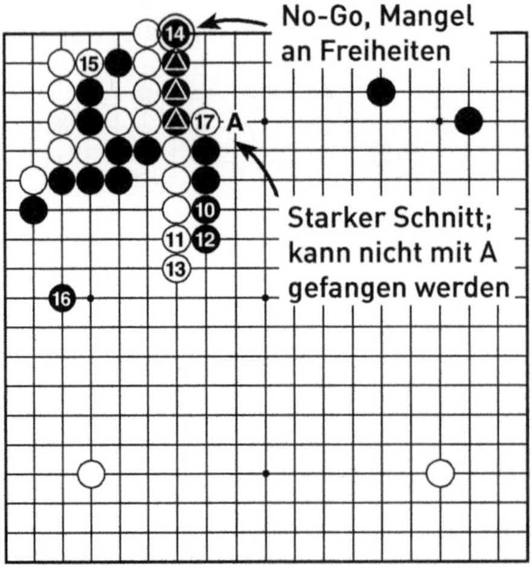

13

Blocken ist ein No-Go

Als Fortsetzung des letzten Diagramms ist Schwarz 14 nach Weiß 13 ein schwerer Fehler. Aufgrund des Freiheitenmangels ist nun der Schnitt 17 möglich. Schwarz kann den Schnittstein nicht mit A fangen.

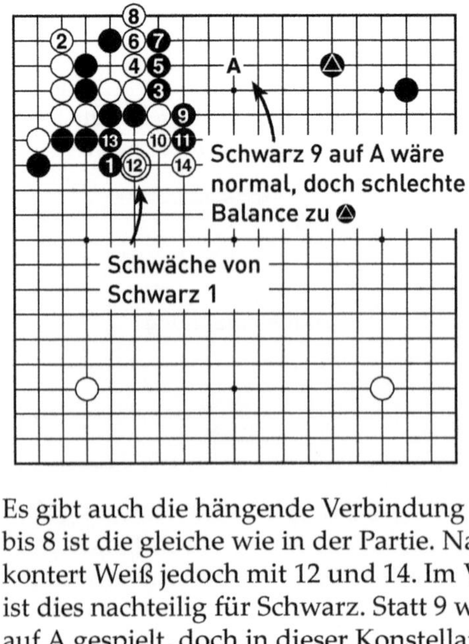

14

Hängend verbinden

Es gibt auch die hängende Verbindung 1. Die Fortsetzung bis 8 ist die gleiche wie in der Partie. Nach dem Atari 9 kontert Weiß jedoch mit 12 und 14. Im Vergleich zur Partie ist dies nachteilig für Schwarz. Statt 9 wird auch schon mal auf A gespielt, doch in dieser Konstellation ist es nicht gut.

15

Die Partie 1

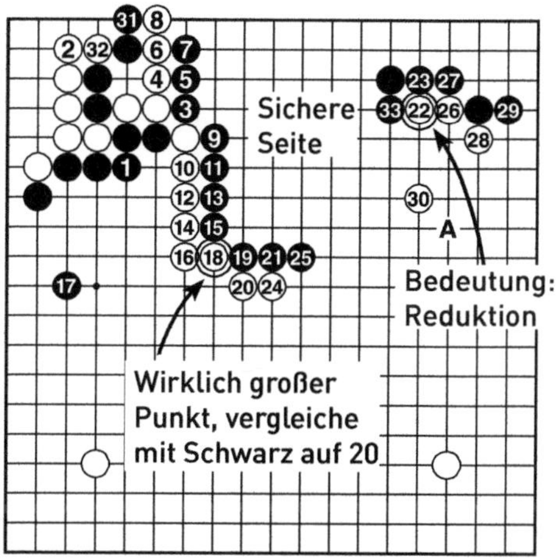

Das Umbiegen auf 18 ist groß. Schwarz spielte das Hane 19, streckte anschließend und nahm oben sicheren Profit. Weiß begann mit 22, das schwarze Moyo zu reduzieren. Weiß 30 wird normal auf A gespielt, jedoch hatte Weiß hier die Absicht, das Moyo noch stärker zu reduzieren.

16

Die Partie 2

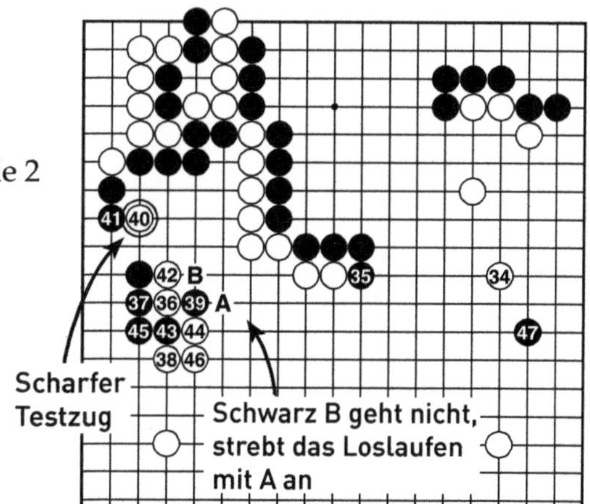

Das Umbiegen auf 35 ist ebenfalls riesig. Als Antwort auf die Zange 39 wollte Weiß mit 40 sehen, wie Schwarz reagiert – das ist findig. Falls Schwarz 41 spielt, dann kann Weiß mit 42 fortsetzen. Auf A gibt es noch Aji für Schwarz.

Die Partie

Züge nach 94 weggelassen.
Weiß gewinnt mit 1,5 Punkten.

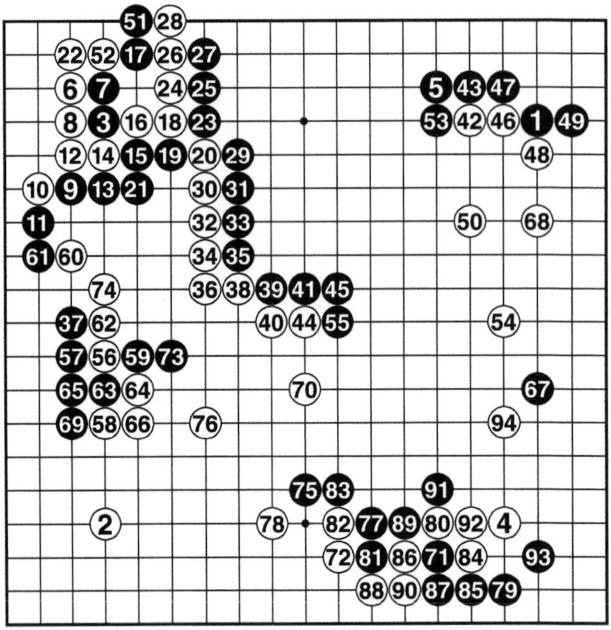

In der nächsten Partie treffen Choi Jeong 9p aus Korea und Shi Yue 9p aus China in der Vorrunde des 24. LG Cup aufeinander.

Kolumne 1

Einführung in Tribodian

Tribodian ist ein Spiel, bei dem ein Spieler in drei verschiedenen Spielformen (9x9-Go, Shogi und Othello) gegen denselben Gegner antritt und um das beste Gesamtergebnis kämpft. Einmal im Jahr findet im Herbst ein Turnier statt. Go und Shogi sind Spiele, die bereits eine lange Tradition in Japan besitzen. Othello hingegen ist ein Spiel mit einer jüngeren Geschichte, doch die in Japan entstandenen Regeln des Spiels sind leicht zu verstehen und einem schnell vertraut.

Obwohl sie alle drei Brettspiele sind, so gibt es zwischen ihnen keine Ähnlichkeiten wie zum Beispiel zwischen Shogi und Schach. Sie sind völlig verschiedene Spiele, daher braucht man für jedes von ihnen gute Kenntnisse. Wenn jemand zum Beispiel nur in Go wirklich stark ist, in den beiden anderen Spielen jedoch nur auf Anfängerniveau besteht, dann kann dieser Spieler eine Spielrunde nur gewinnen, wenn er ein überdurchschnittliches Go-Ergebnis erreicht. Daher ist auch das Gleichgewicht der Stärke wichtig.

Interessanterweise gibt es das Spiel überhaupt nicht auf einem Holzbrett. Es wird stattdessen im Internet mit einem Smartphone gespielt. Daher ist das Spielen an sich sehr leise, ohne das typische Geräusch, das die Steine beim Setzen verursachen. Nach jeder Runde wird das Spiel gemeinsam analysiert.

Ich habe zum ersten Mal an einem Tribodian-Turnier teilgenommen, nachdem ich gehört hatte, dass es diese Art von Turnier gibt. Ich habe zu jener Zeit gern Shogi gespielt und suchte deshalb ein Turnier, an dem ich teilnehmen kann, ohne mir zu viele Gedanken machen zu müssen.

Ich habe nicht viel Erfahrung mit Go auf dem 9x9-Brett. In Shogi hatte ich zu dieser Zeit ungefähr den Rang eines 1. Kyu. Was Othello betrifft, kannte ich nur ein Joseki, und deshalb war ich unsicher, was daraus werden würde. Am Ende errang ich aus sechs Spielrunden fünf Siege in Go, drei in Shogi, und sogar zwei in Othello. Diese Erfolge sind mir in guter Erinnerung geblieben.

Das Turnier ist in drei Klassen unterteilt, damit Spieler verschiedener Stärke ebenbürtige Gegner finden. Die Preise werden an die besten Spieler der drei Klassen vergeben und jeder Teilnehmer erhält ein Shogi-Buch. Es gibt keine Teilnahmegebühr.

* Die Informationen beziehen sich auf das 4. Tribodian-Turnier (2018). Tribodian ist für diejenigen empfehlenswert, die neben Go auch Shogi und Othello spielen können. Ich möchte gern noch an vielen weiteren Turnieren teilnehmen und würde mich daher freuen, wenn Sie mit mir Kontakt aufnehmen.

Partie 4

Choi Jeong ist eine starke koreanische Top-Spielerin, die sich auch in den von Männern dominierten Turnieren behaupten kann.

Shi Yue ist ein chinesischer Profi, der 2013 den LG Cup gewann.

(1 – 11)

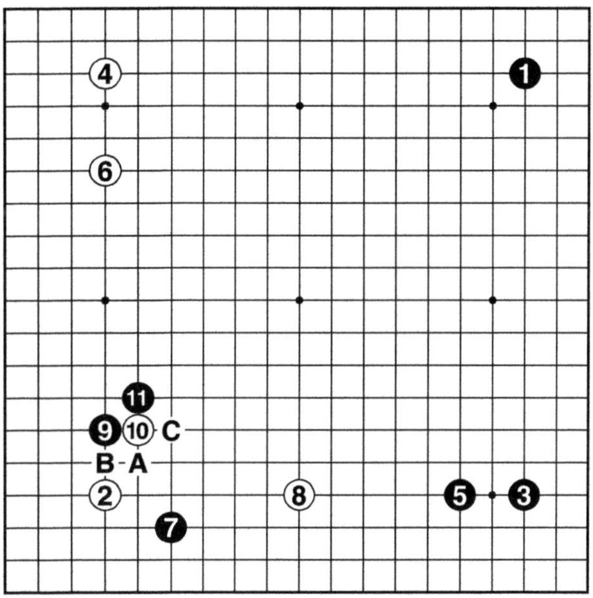

Weiß am Zug

Nach dem Hane 11 stellt sich die Frage, wie Weiß fortsetzen soll. Schwarz 9 und Weiß 10 waren bisher eher seltene Züge. Unter dem Einfluss der KI haben sie an Bedeutung gewonnen. Der nächste Zug ist nicht besonders innovativ, dennoch wird er von der KI in dieser Situation empfohlen.

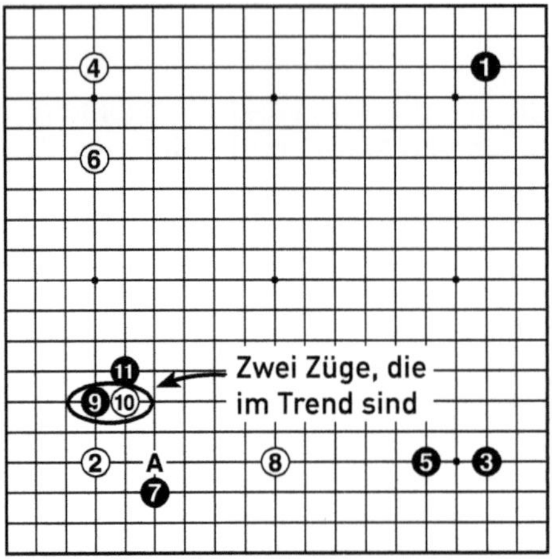

1

Partieverlauf

Als Antwort auf den Klemmzug 8 wurde bisher häufiger das niedrige Kakari (links von 9) gespielt. Mit dem Auftreten der KI ist es nun üblich, mit Weiß 10 an den Stein 9 anzulegen statt wie bisher auf A an 7. Doch in der Vergangenheit waren diese beiden Züge auch schon zu sehen.

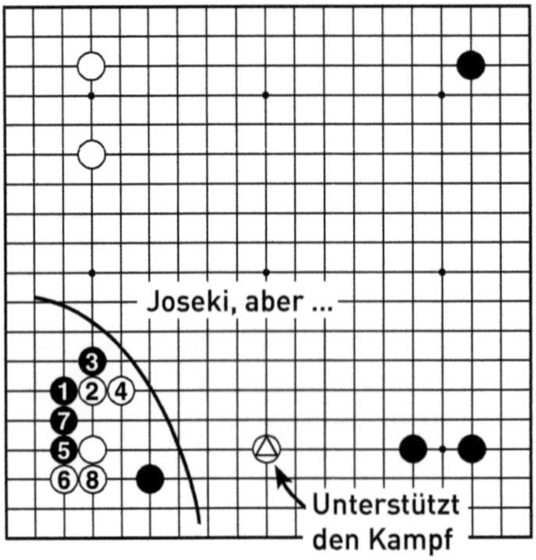

2

Im Fall des niedrigen Doppel-Kakari

Wenn das zweite Kakari niedrig gespielt wird, dann ist diese Fortsetzung denkbar. Es ist eine mögliche Variante. Der markierte Stein passt gut zur weißen Stärke, deshalb wird Schwarz diese Variante nicht gefallen.

3

Joseki für weiße Stärke

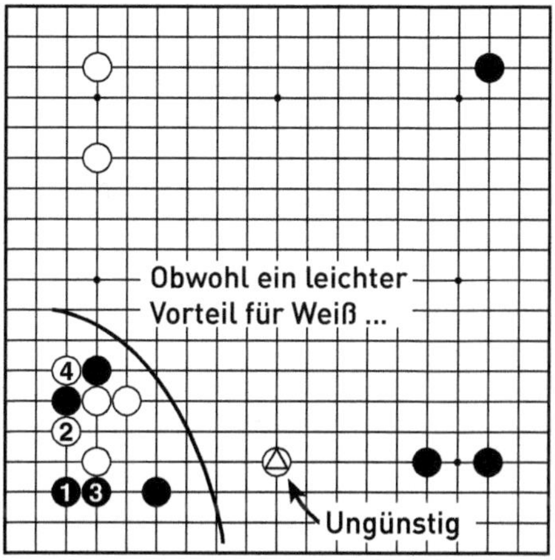

Wenn Schwarz einen Kampf vermeiden möchte, dann kann er mit 1 auf 3-3 invadieren. Die weiße Stellung ist nach 4 recht stark, doch der markierte Stein steht nicht allzu gut da.

4

Spielbar für Schwarz

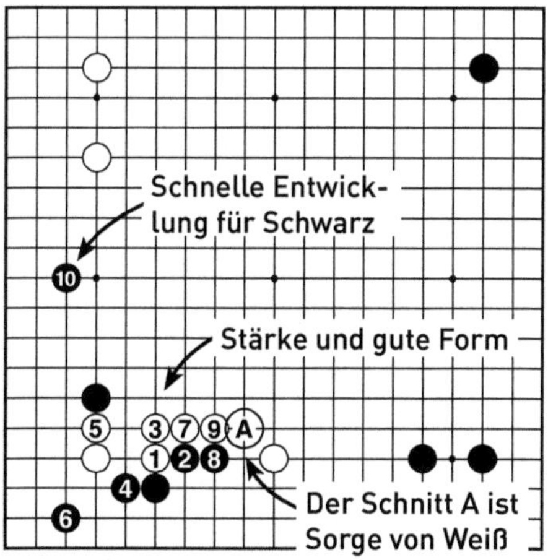

Nach einem hohen Kakari war bisher Weiß 1 üblich. Es galt die Auffassung, dass Weiß nach 9 nicht schlecht steht. Deshalb hat Schwarz nur selten das hohe Kakari gespielt. Die KI bewertet das Ergebnis aber als nicht schlecht für Schwarz.

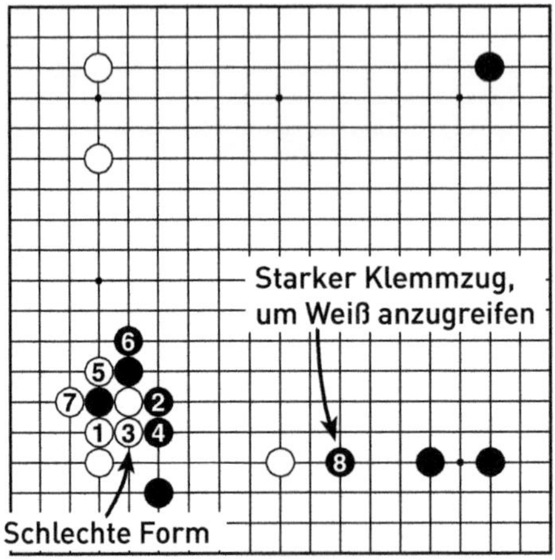

5

B
Ungewandter Zug

Weiß 1 ist ein ungewandter Zug, auch die Form ist nach dem Verbinden auf 3 sehr schlecht. Schwarz 4 und das Strecken im Anschluss errichten Stärke. Außerdem kann Schwarz den Klemmzug 8 spielen.

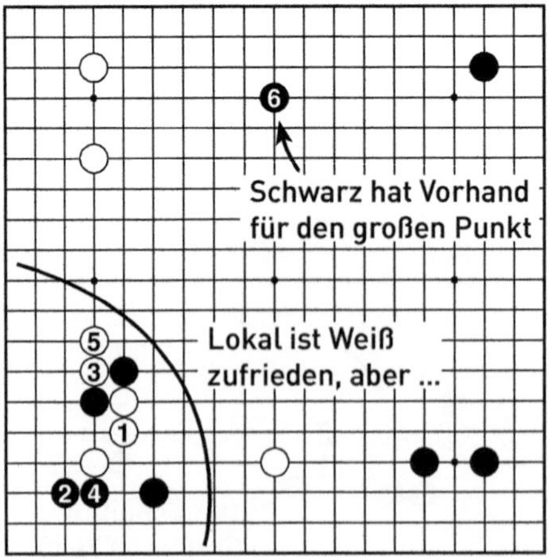

6

A
Leichter Vorteil für Schwarz

Weiß 1 ist ein Standardzug, der in dieser Situation bisher immer gewählt wurde. Man nahm an, dass Weiß nach 5 stark ist und es keinen Grund zu klagen gibt. Doch die KI bewertet dieses Ergebnis als kleinen Vorteil für Schwarz.

7

Komplizierte
Variante

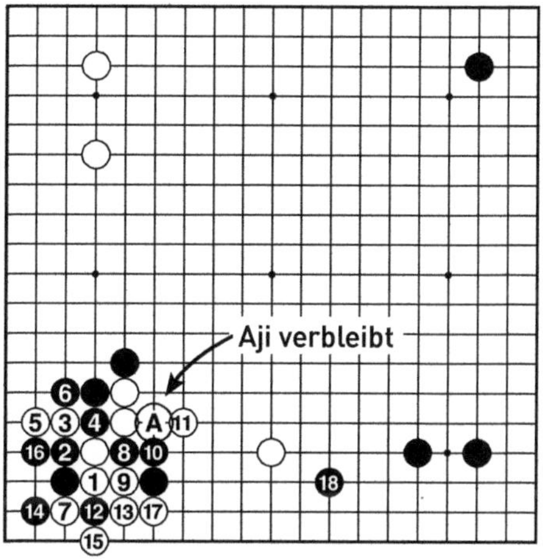

Weiß kann auch mit 1 blocken. Nach dem Hane 3 ist hier eine komplizierte Variante zu sehen. Das Ergebnis nach der Fortsetzung bis 18 gilt als ausgeglichen.

8

C
Richtig

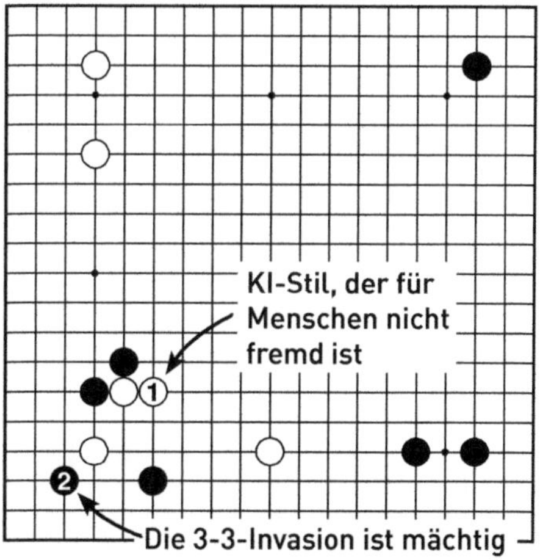

Obwohl das Strecken auf 1 ein normaler Zug ist, hat man ihn bisher kaum gesehen. Weil dieser Zug nur selten vorkam, wurde er nie richtig studiert. Anschließend ist Schwarz 2 ein starker Zug.

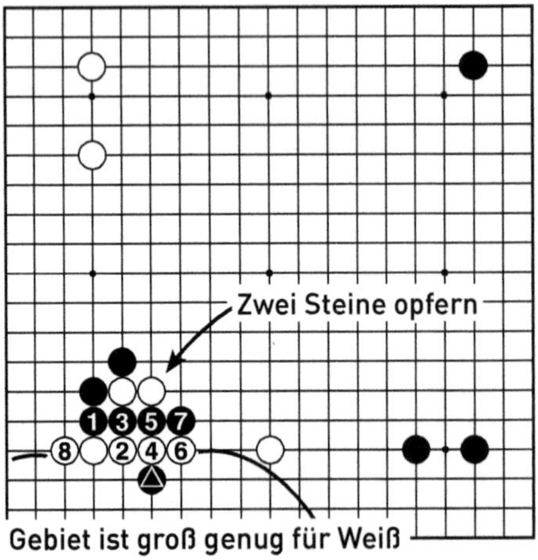

9

Ausreichend für Weiß

Das Anstoßen mit 1 ist kein guter Zug, denn wenn Weiß mit 2 antwortet, dann ist der markierte Stein schlecht positioniert. Nach der Fortsetzung bis 8 hat Weiß nun ein großes Gebiet.

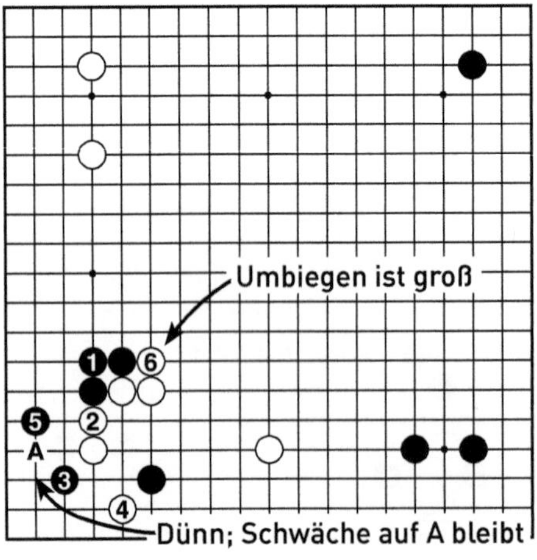

10

Verbinden ist richtig, aber …

Schwarz 1 ist ein natürlicher Zug und auch Weiß 2 macht gute Form. Wenn Schwarz nun auf 3 invadiert und dann auf 5 springt, ist die Form in der Ecke dünn. Weiß spielt hingegen das starke Umbiegen 6. Er ist hiermit nicht unzufrieden.

11

Der Trick ist, nicht zu schneiden

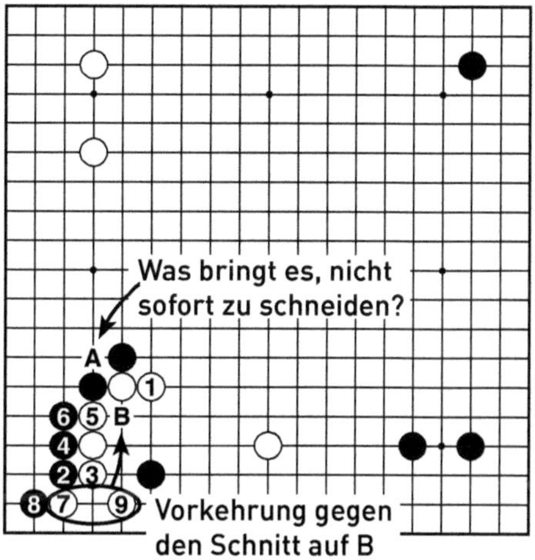

Das Diagramm zeigt den tatsächlichen Partieverlauf. Nach Weiß 3 folgen 7 und 9, um der schwarzen Ecke zu drohen. Es ist natürlich verlockend auf A zu spielen, aber das sollte man nicht tun. Der Grund wird im Folgenden erläutert.

12

Variante mit Verbinden

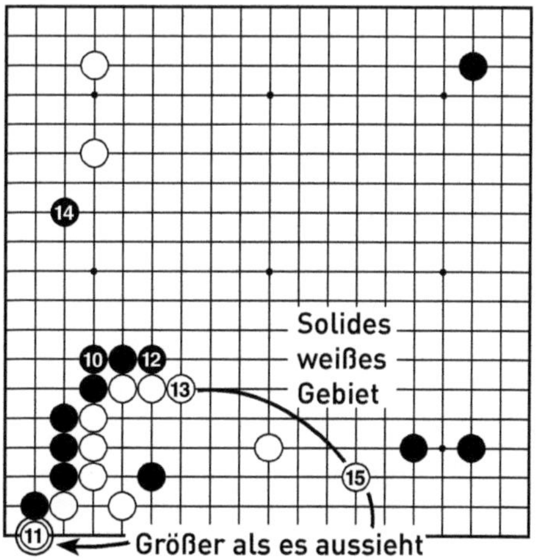

Als Nächstes ist Schwarz 10 denkbar. Doch Weiß 11 ist ein großer Zug. Danach ist die Ausdehnung auf 15 möglich und Weiß wäre mit der prächtigen Form nicht unzufrieden.

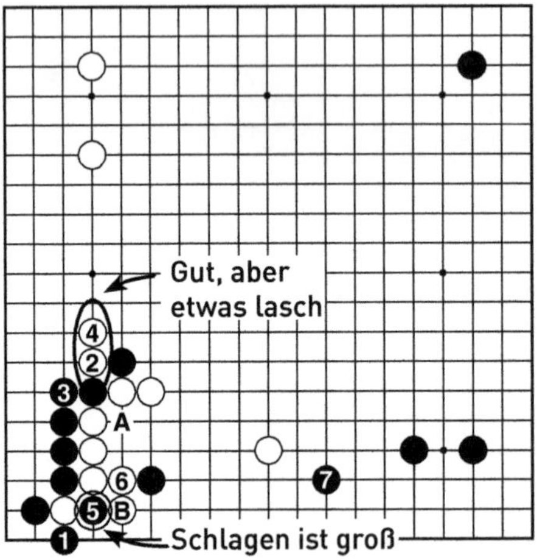

13

Ausreichend für Schwarz

Spielt Weiß 2 und 4 als Antwort auf Schwarz 1 und lässt Schwarz somit auf 5 schlagen, dann ist dies eine recht lasche Spielweise. Hätte Weiß nach 7 in Diagramm 11 statt 9 den Schnitt auf A gedeckt, dann wäre Schwarz 5, Weiß B und Schwarz 6 eine sehr unangenehme Fortsetzung.

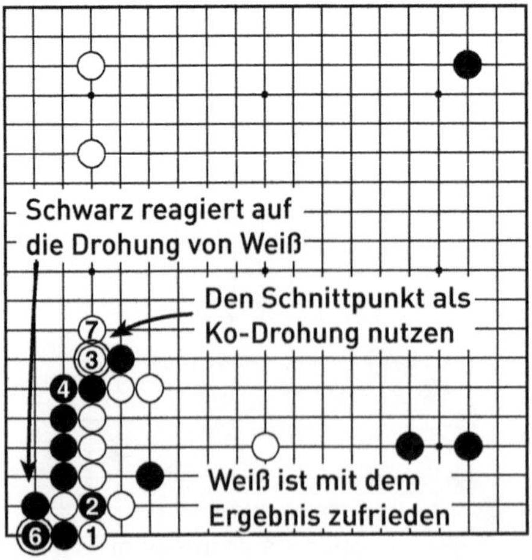

14

Beste Ko-Drohung

Weiß 5 neben 2

Der Grund, warum Weiß nicht früher auf 3 geschnitten hat, ist, dass er nun auf 1 gegenstellen kann. Weiß 3 dient jetzt als ernste Ko-Drohung. Deckt Schwarz auf 6, dann streckt Weiß auf 7. Mit diesem Ergebnis ist Weiß zufrieden.

(12 – 41)

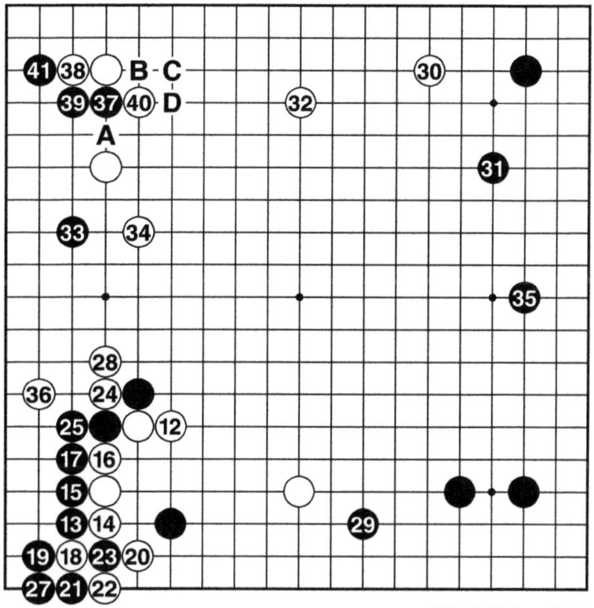

Weiß 26 auf 18

Weiß am Zug

Der Kampf verlagerte sich nun nach links oben und der Fokus lag darauf, wie Schwarz in der weißen Einflusssphäre agiert. Weiß musste nach Schwarz 41 überlegen, wie er den Schnitt deckt. Wo würden Sie spielen?

Die Art und Weise, wie hier verteidigt wird, offenbart den Schlüssel zum KI-Stil. Dieser wurde in der letzten Zeit schon öfter in ähnlichen Situationen angewandt.

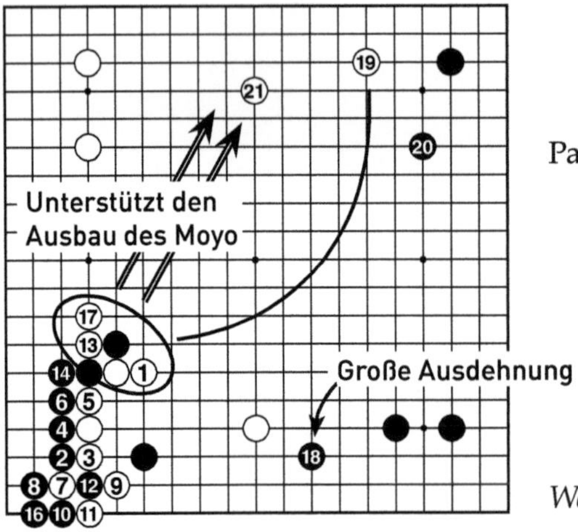

1

Partieverlauf 1

Weiß 15 auf 7

Weiß beklagt sich nicht über den Ausgang unten links, doch Schwarz kommt zu der großen Ausdehnung 18 und die Stellung ist ausgeglichen. Weiß 19 und 21 nehmen im Gegenzug große Punkte am oberen Rand.

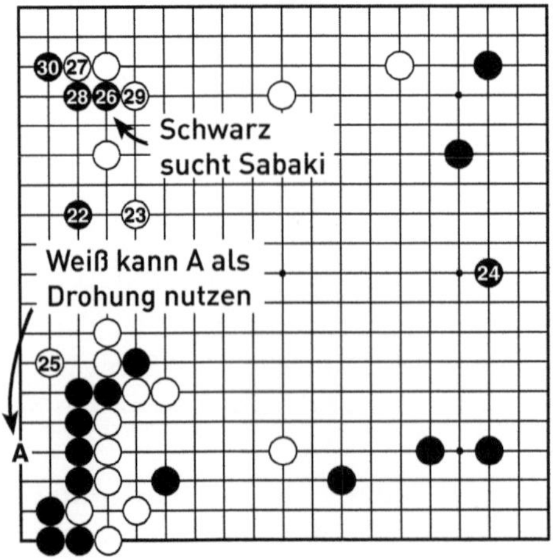

2

Partieverlauf 2

Schwarz invadiert mit 22, um das entstehende Moyo auszuhöhlen. Schwarz 26 ist ein typischer KI-Zug und kommt sehr oft in Profi-Partien zur Anwendung. Dies ist heute der Standardzug für die Annäherung an das weite hohe Shimari.

3

Variante für Hane unten

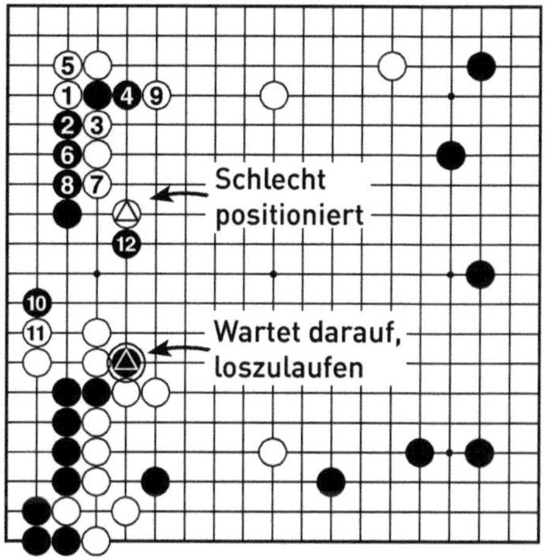

Das Hane 1 beantwortet Schwarz mit dem Gegen-Hane 2. Die Abfolge bis 7 sieht man häufig, auch wenn der markierte Stein nicht vorhanden ist. Er bietet einen Vorteil, der jedoch subtil ist, denn das Kosumi ist eher schlecht positioniert. Mit 12 beginnt ein Kampf für Schwarz, es ist aber spielbar.

4

A

Nicht spielbar für Weiß

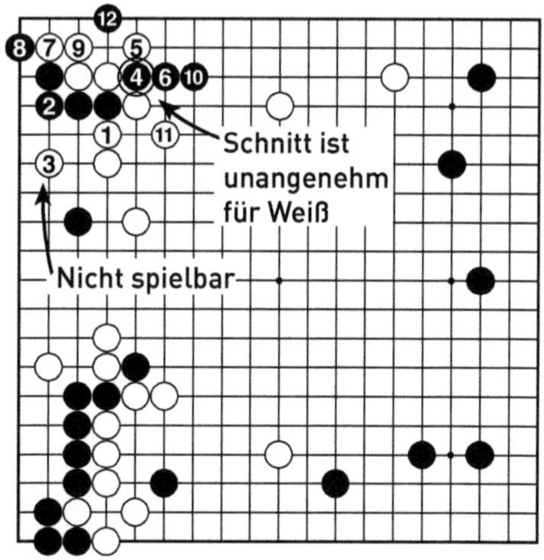

Weiß 1 ist keine spielbare Variante, denn Schwarz 10 funktioniert hervorragend, und nach 12 ist der lokale Kampf für Schwarz gewonnen.

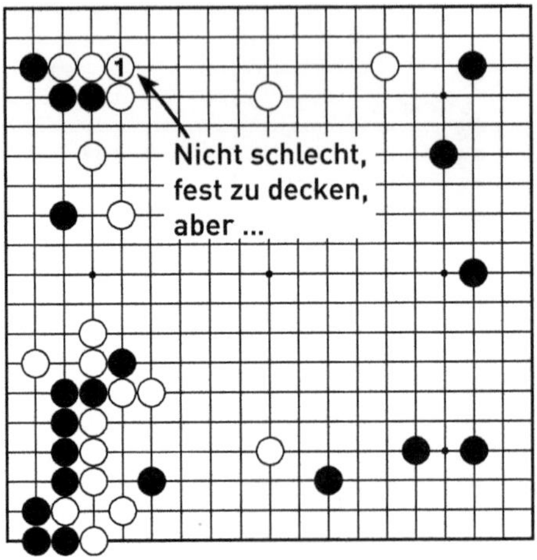

5

B

Etwas passiv

Weiß 1 deckt den Schnitt, doch er wirkt etwas gewöhnlich. Weiß möchte aktiver spielen.

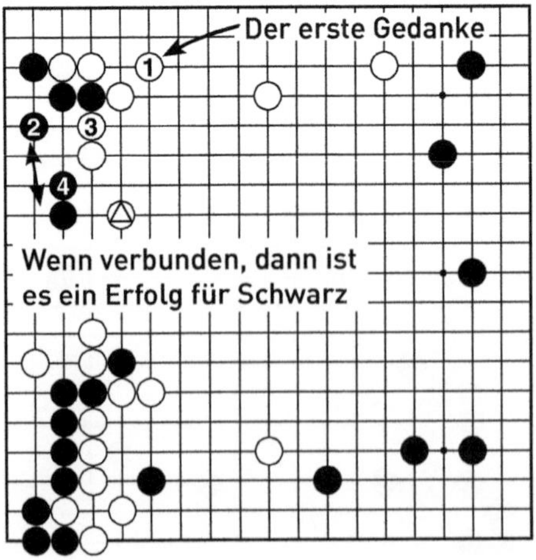

6

C

Nicht schlecht für Schwarz

Das Verbinden mit dem Tigerrachen ist ein normaler Verteidigungszug. Gibt es keinen zusätzlichen Stein in der Gegend, wie den markierten weißen, so ist der Zug richtig. Schwarz 2 ist die erwartete Antwort. Spielt Weiß nun 3, dann kann sich Schwarz nach 4 nicht beklagen.

7

D
Tatsächlicher
Kampf

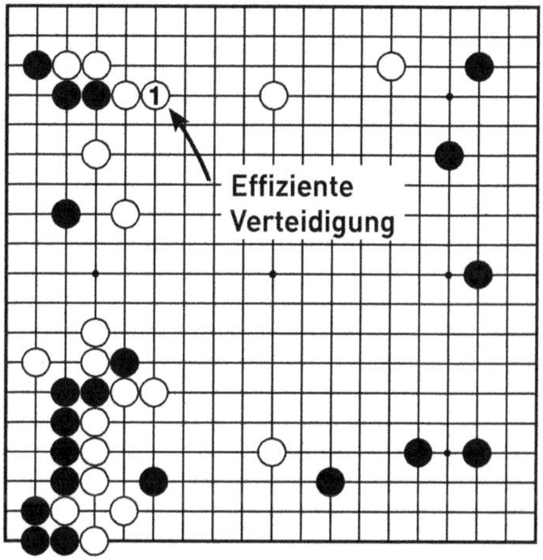

Weiß 1 ist der in der Partie gespielte Zug. In anderen Problemen heißt es „Richtig", hier jedoch nur „Tatsächlicher Kampf". Der Grund ist, dass der Zug sehr stark von der KI beeinflusst ist. Er ist eine effiziente Methode, um den Schnitt zu decken.

8

Partieverlauf

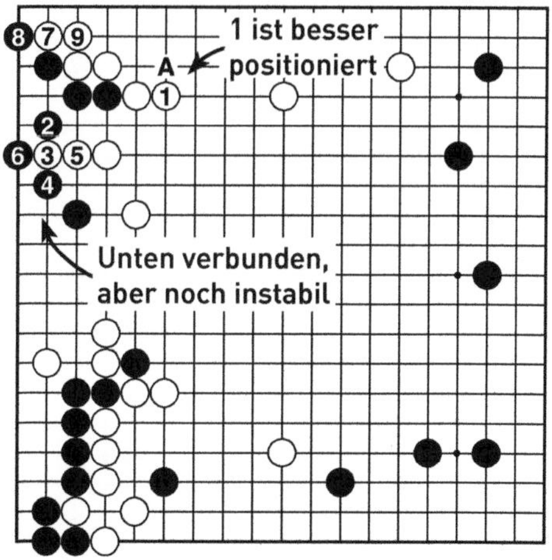

Weiß 3 ist ein Zug, der nicht wirklich trennt. Weiß verhindert mit 7 und 9 die Möglichkeit, dass Schwarz in der Ecke Augen macht. Diese Abfolge ergibt sich, wenn auf 1 gedeckt wird. Sie ist effizienter für den Angriff als das Verbinden auf A. Das Verteidigen im KI-Stil ist hier in einer echten Partie zu sehen.

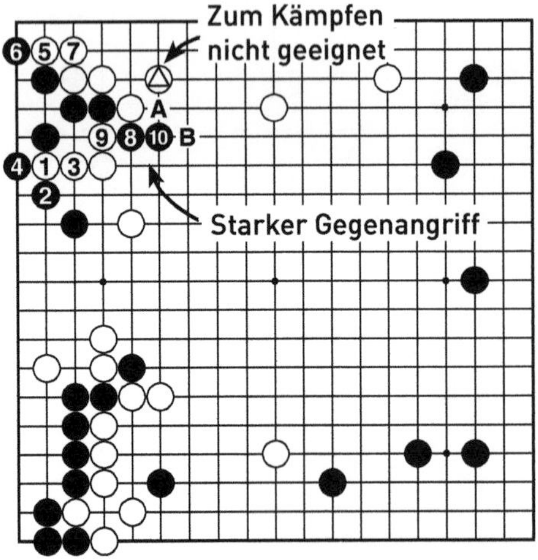

9

Die hängende Verbindung

Nach der hängenden Verbindung wäre diese Abfolge auch denkbar, doch der markierte Stein ist nicht gut positioniert. Ein Gegenangriff mit Schwarz 8 und 10 ist nur schwer abzuwehren. Stünde ein Stein auf A, könnte Weiß auf B umbiegen.

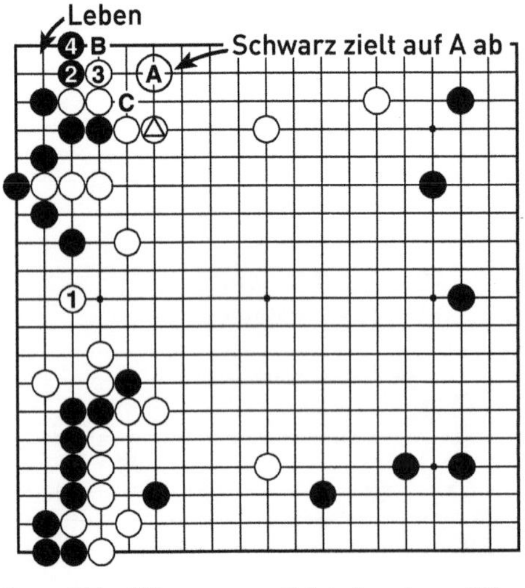

10

Offensichtliche Lücken in der Stellung von Weiß

Statt 7 in Diagramm 8 ist der Angriff mit 1 eine Variante, um Schwarz mit 2 und 4 in die Ecke zu drängen. Diese Abfolge ist mit Blick auf den markierten Stein nicht gut, denn nun droht das Nozoki A. Spielt Weiß gar auf B, dann schneidet Schwarz auf C.

11

Stärke für Schwarz

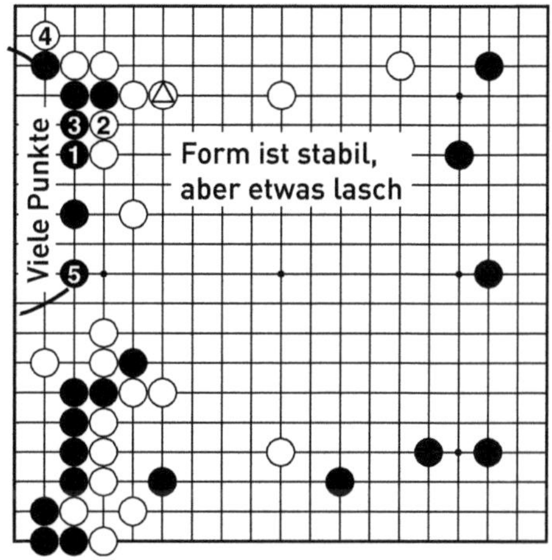

Laut der KI-Analyse ist das Anlegen mit 1 eine gute Antwort auf den markierten Stein. Schwarz steht sogar etwas besser da.

12

Zwei Steine aufgeben ist geschickt

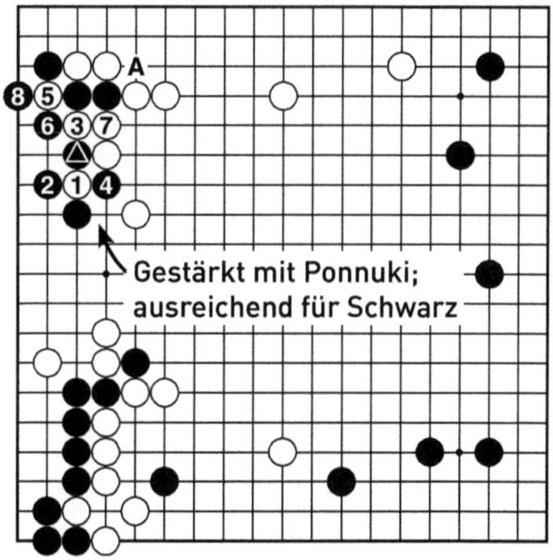

Das Hineingrätschen mit 1 ist unangenehm für Schwarz. Doch wenn er zwei Steine aufgibt, so ist das Ergebnis auch nicht schlecht für ihn. Die drei Züge von Weiß, die den Schnitt auf A verteidigen, sind nicht gut, denn sie lassen Schwarz mit dem markierten Stein verbinden.

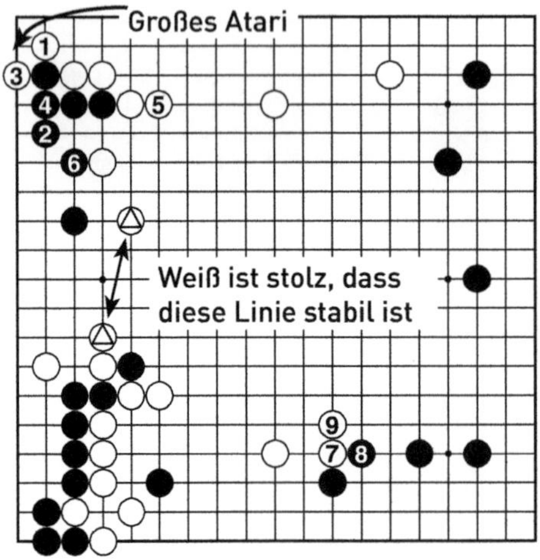

13

Blocken hat Priorität

Die KI empfiehlt das Blocken auf 1. Das Atari 3 ist groß und Weiß scheint hier ein besseres Ergebnis als in Diagramm 11 zu erzielen.

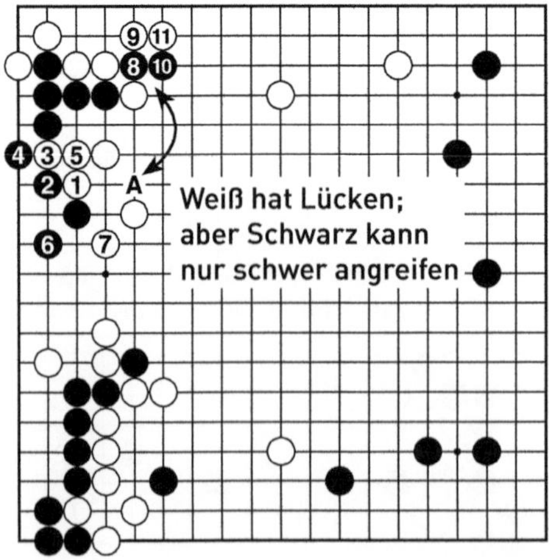

14

Offensiver Angriff von Weiß

Möchte Weiß aggressiver spielen, so ist diese Abfolge denkbar. Sie lässt Schnitte wie 8 und A zu und ist somit deutlich riskanter. Es scheint für Schwarz jedoch nicht sofort einen guten Zug zu geben. Er hat es hier zunächst schwer, in guter Form zu leben.

15

Die Partie 1

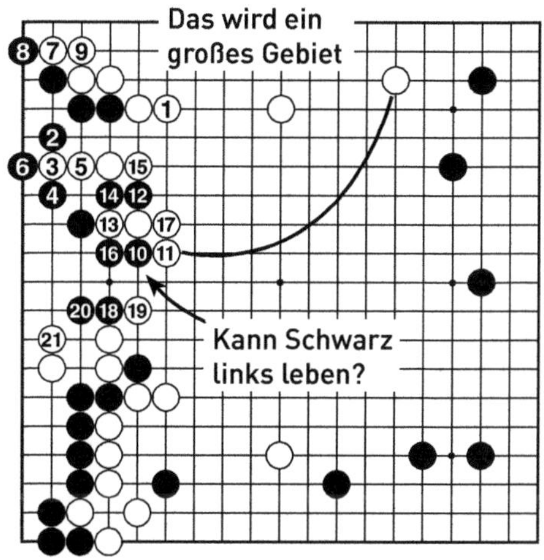

Diagramm 13 und 14 haben gezeigt, dass es eine starke Spielweise ist, den Schnitt nicht zu decken. Möchte man diesen dennoch direkt tun, dann ist 1 ein guter Zug. Schwarz ist unter Druck, seine Gruppe zum Leben zu bringen. Weiß sollte nun Schwarz präzise angreifen.

16

Die Partie 2

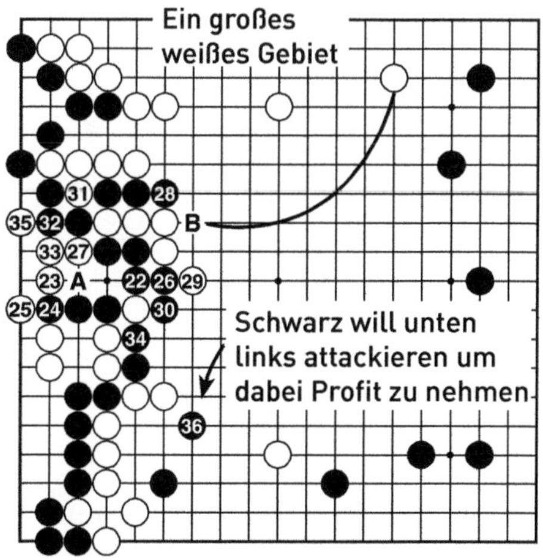

Schließlich hat Schwarz die linke Seite aufgegeben. Er ließ Weiß 29 spielen (31 erzwingt 32, A und B sind Miai), damit er mit 34 verbinden konnte. Damit zielte er auf einen Angriff auf der unteren Seite ab. Die linke Seite ist jedoch groß – Weiß steht nun etwas besser.

Die Partie

Züge nach 87 weggelassen.
Weiß gewinnt durch Aufgabe.

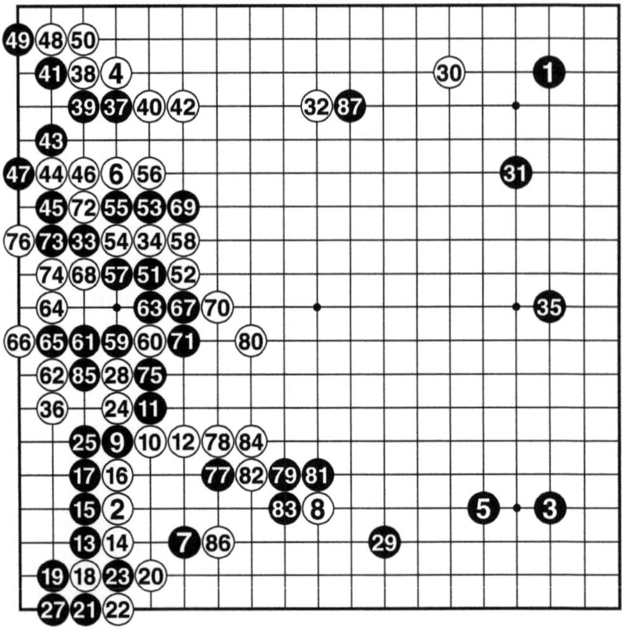

Weiß 26 auf 18

Die nächste Partie ist eine Begegnung zwischen zwei jungen Profis aus Korea und China: Shin Jinseo 9p und Ding Hao 5p.

Partie 5

Shin Jinseo gewann im Juni 2019 gegen Ding Hao das Finale des Asia TV Cup. Bereits kurz zuvor, im April, trafen die beiden Spieler im Globis Cup aufeinander. In dieser Partie kam ein neues KI-Joseki in der Ecke rechts oben zur Anwendung.

(1 – 18)

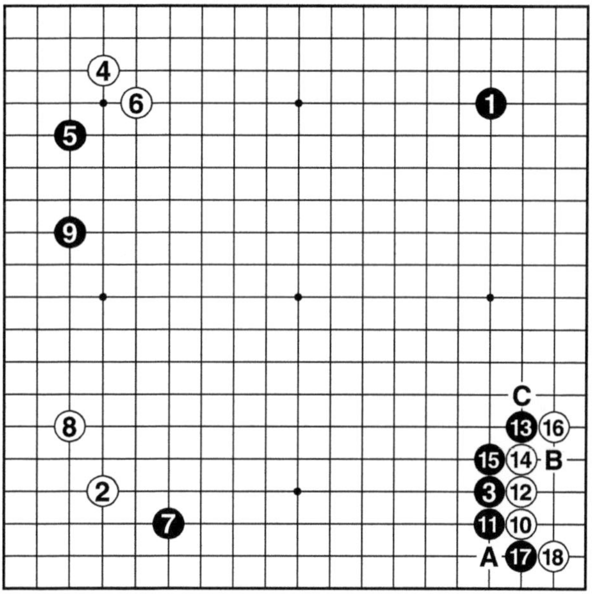

Schwarz am Zug

In dieser Partie spielte Weiß mit 10 die 3-3-Invasion. Hier wird eine weitere Variante gezeigt, in der Schwarz das Hane 17 wählt und Weiß auf 18 blockt. Die daraus entstehenden Zugfolgen sind sehr populär und im Trend.

Wo soll Schwarz fortsetzen: Auf A, B oder C?

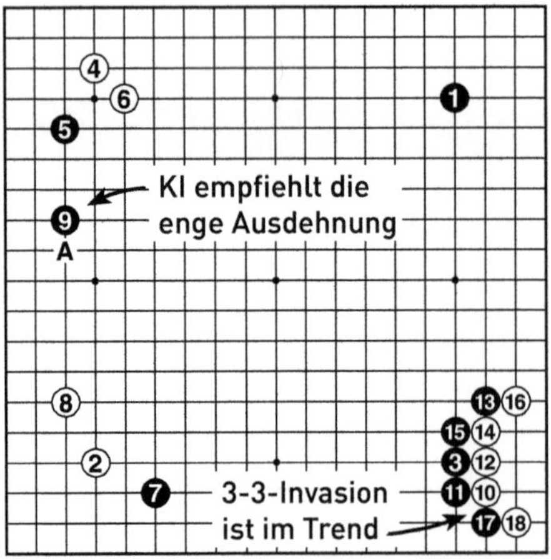

1

Partieverlauf

Schwarz 9 auf A war bisher die übliche Ausdehnung in dieser Stellung, doch unter dem Einfluss der KI wird nunmehr die nahe Ausdehnung auf 9 häufiger gewählt. Danach invadiert Weiß in der Ecke rechts unten auf 3-3.

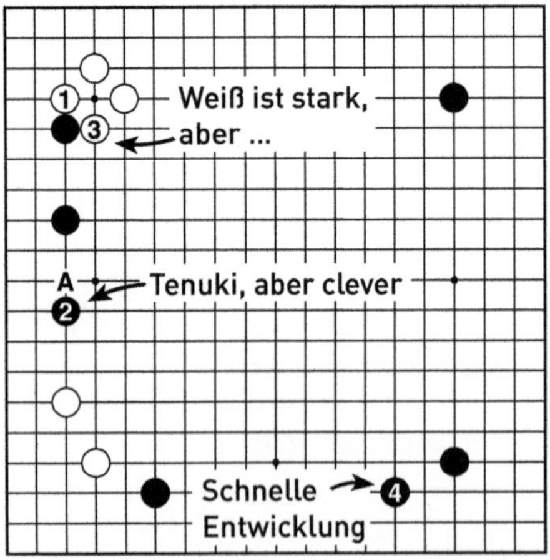

2

Tenuki als Antwort auf Kontakt-Kosumi

Das Tenuki 2 ist eine geschickte Antwort auf das Kontakt-Kosumi 1 und ermöglicht eine schnelle Entwicklung für Schwarz. Spielt Schwarz statt 2 auf 3, dann wird Weiß auf A angreifen. Je nach Situation gibt es verschiedene Optionen, hier ist Schwarz 2 eine gute Wahl.

3

C

Sehr guter Zug
für Weiß

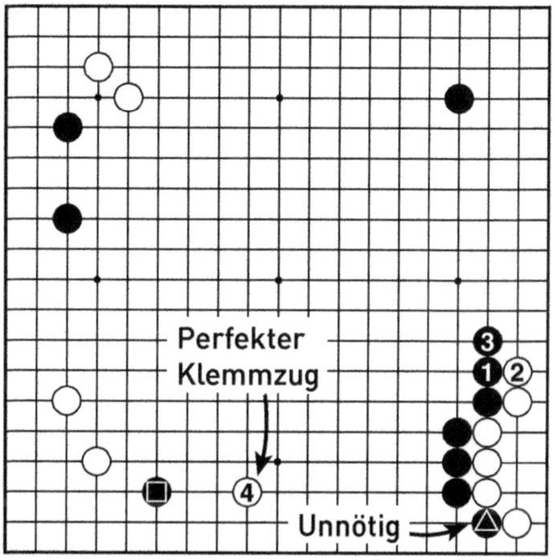

Wenn Schwarz auf 1 streckt, dann nutzt er den markierten Stein in der rechten Ecke nicht aus. Weiß 4 ist ein Zug, der zwei Aufgaben erfüllt: den markierten Stein links in die Zange nehmen und das Moyo für Schwarz verhindern.

4

A

Verbinden
ist klein

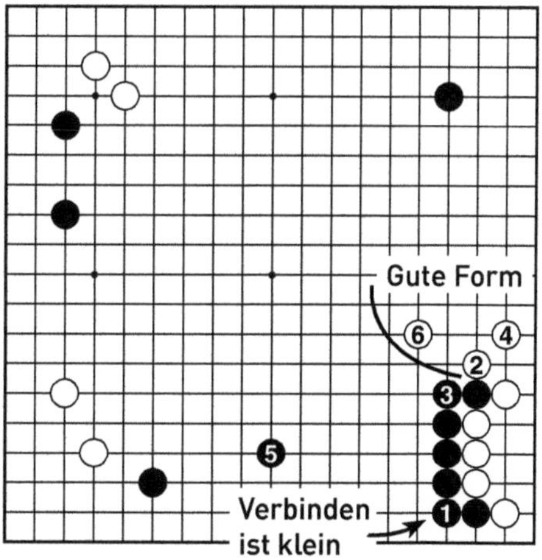

Das Hane wurde nicht gespielt, um auf 1 zu verbinden. Das Verbinden ist jetzt noch zu klein und zu langsam für Schwarz.

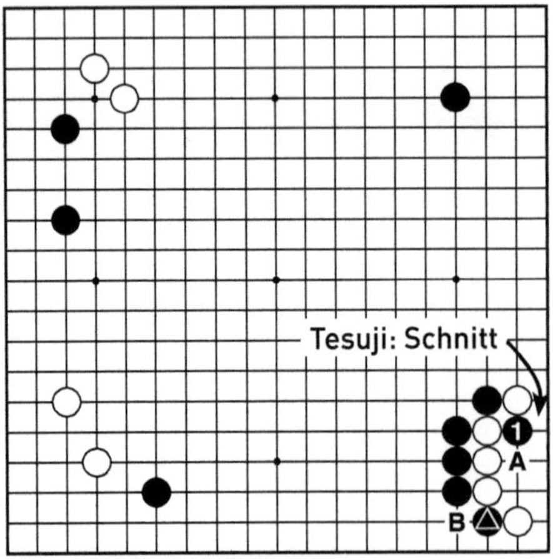

5

B
Richtig

Der Schnitt auf 1 zieht Nutzen aus dem markierten Hane. Weiß kann nun mit A oder B antworten. Betrachten wir zuerst die Option A, die nicht in der Partie gewählt wurde.

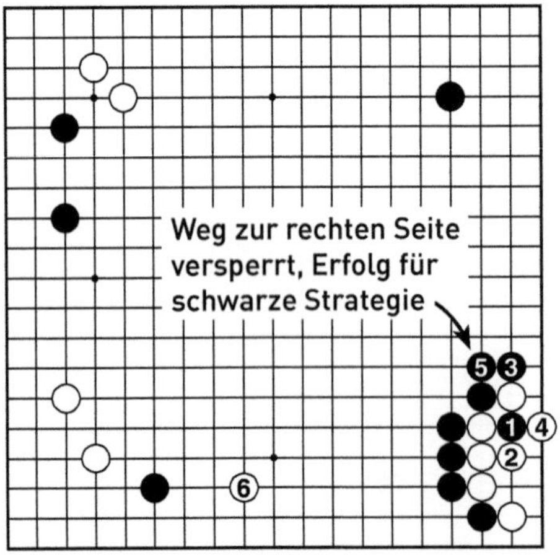

6

Schwarz ist zufrieden

Wenn Weiß A wählt, dann ist er gezwungen, den schwarzen Stein mit 4 zu schlagen. Das ist nicht gut für ihn, aber eine mögliche Spielweise. Schwarz ist zufrieden, dass er den Zugang zur rechten Seite mit 3 und 5 versperren kann.

7

Schwarz kann kämpfen

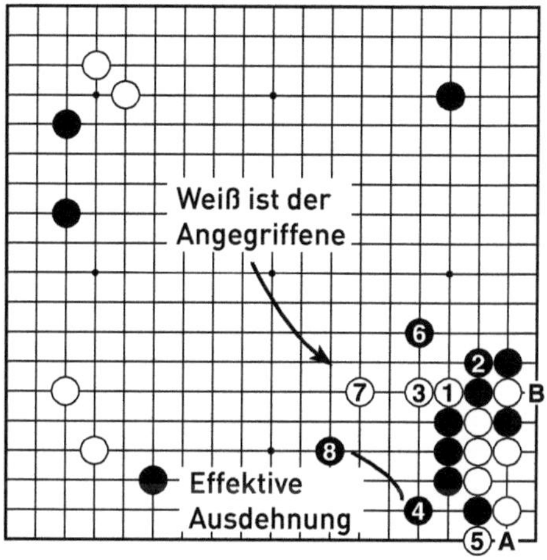

Statt einen Stein zu schlagen, gibt es für Weiß auch die Variante, das Atari 1 zu spielen. Schwarz kontert den Angriff mit 4 und 6. Bleibt Weiß der Ecke fern, dann kann Schwarz mit A oder B ein Ko anfangen. Dieser Kampf ist spielbar für Schwarz.

8

Etwas lasch von Schwarz

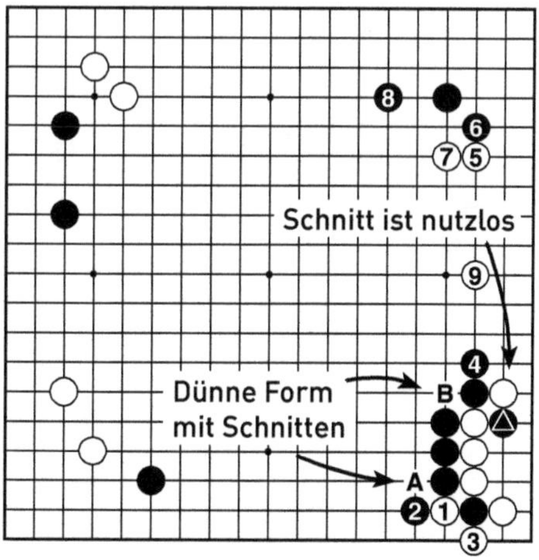

Statt Weiß 2 in Diagramm 6 ist der Schnitt auf 1 kraftvoll. Schwarz 2 hingegen zwingt Weiß zum Schlagen auf 3 und führt nur zu einer Form mit Schwächen. Schwarz muss auf die Schnitte A und B achtgeben.

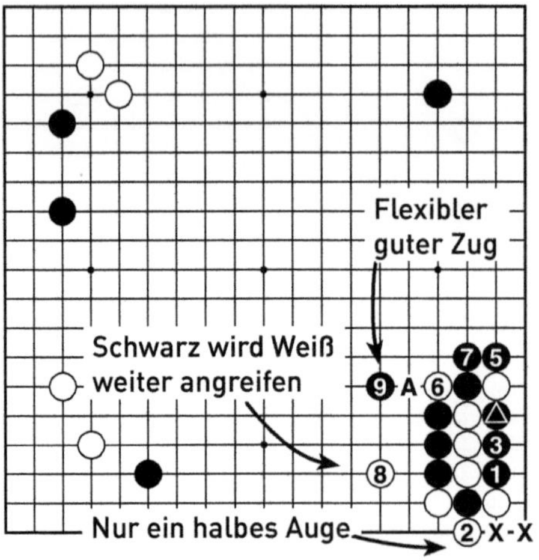

9

Abgeschlossenes Joseki

Weiß 4 deckt

Schwarz schneidet mit 1 und zwingt Weiß, den schwarzen Stein zu fangen. Das ist die Fortsetzung nach dem markierten Stein (Schwarz 1 in Dia. 6). Wenn die Treppe läuft, kann Schwarz mit 9 auf A fangen. Läuft sie nicht, ist Schwarz 9 der bessere Zug.

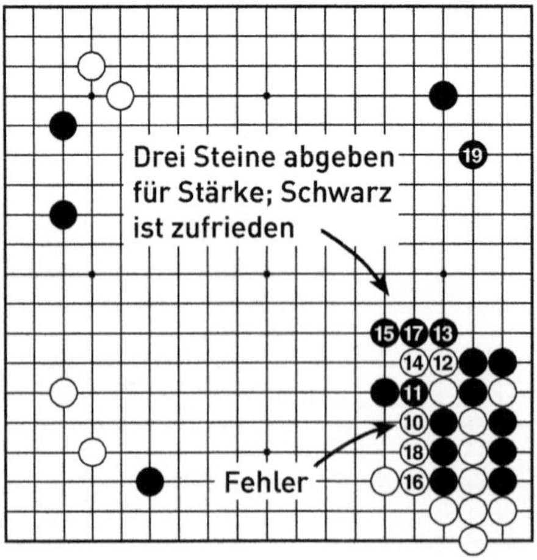

10

Opfern ist gut für Schwarz

Weiß möchte ausnutzen, dass die Treppe nicht läuft, und spielt den Angriff 10. Schwarz opfert jedoch mit 11 bis 15 drei Steine und baut eine dicke Mauer. Mit 19 festigt er schließlich sein Moyo auf der rechten Seite.

11

Als Antwort auf Tenuki: Angriff

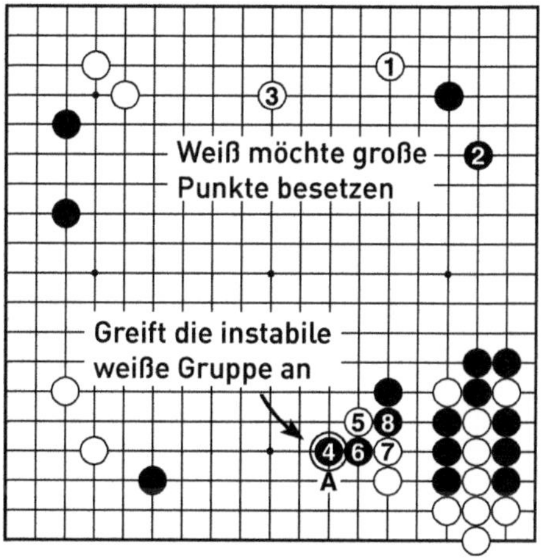

Nach Diagramm 9 spielt Weiß in der Partie gleich auf 4. Falls er stattdessen Tenuki spielen würde, dann sollte Schwarz auf 4 angreifen. Weil Weiß noch keine zwei Augen hat, kann Schwarz mit dem Schnitt 8 kämpfen.

12

Schwaches Strecken

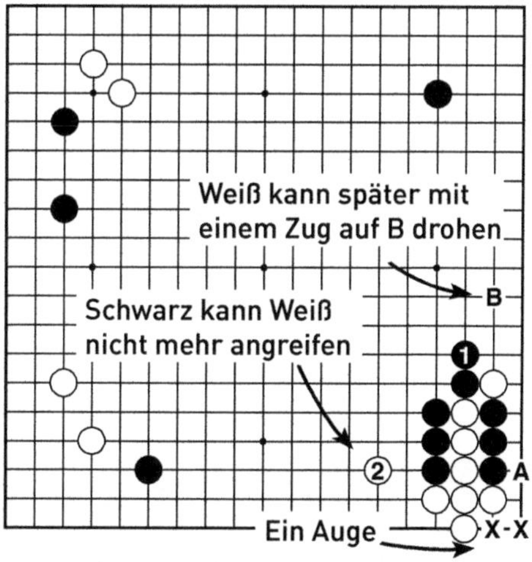

Statt 5 in Diagramm 9 ist das Strecken ein natürlicher Zug, wird jedoch sehr selten gespielt. Weiß lebt nun in der Ecke, da A Vorhand ist. Darum kann Schwarz die weiße Gruppe nicht mehr wie im letzten Diagramm angreifen. Für Schwarz wird es nun nicht einfach.

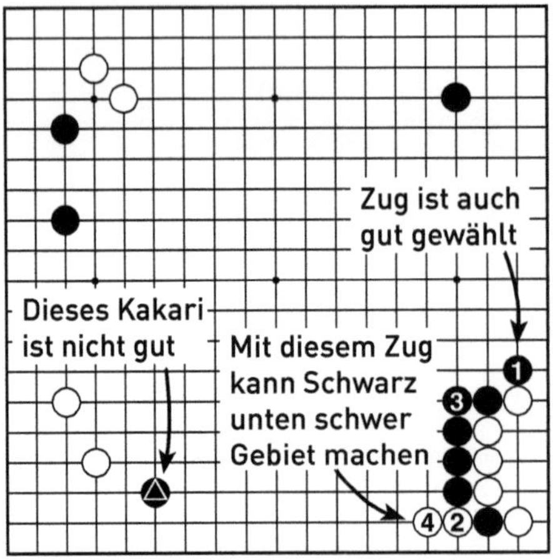

13

Ergänzung:
Variante mit
Hane außen

Das Hane 1 wird auch oft gespielt. Nach der Fortsetzung bis 4 sind Schwarz und Weiß lokal ausgeglichen. In der Gesamtsituation ist sie jedoch ungeeignet, denn Weiß 4 entwertet die untere Seite und macht die Ambitionen von Schwarz hier zunichte.

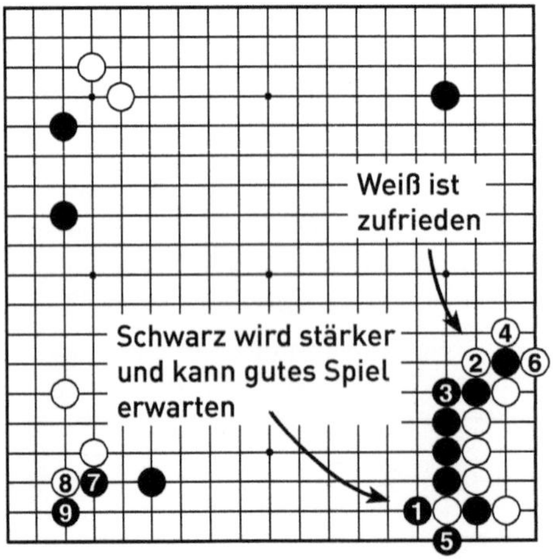

14

Wie von Weiß
erhofft, aber …

Wenn Schwarz auf 1 spielt, dann kann Weiß sich dank des Opfersteins mit 2 und 4 am rechten Rand entwickeln. Schwarz schlägt mit 5 einen Stein, gewinnt an Stärke und unten entsteht ein Moyo. Die Partie steht ausgeglichen.

(19 – 38)

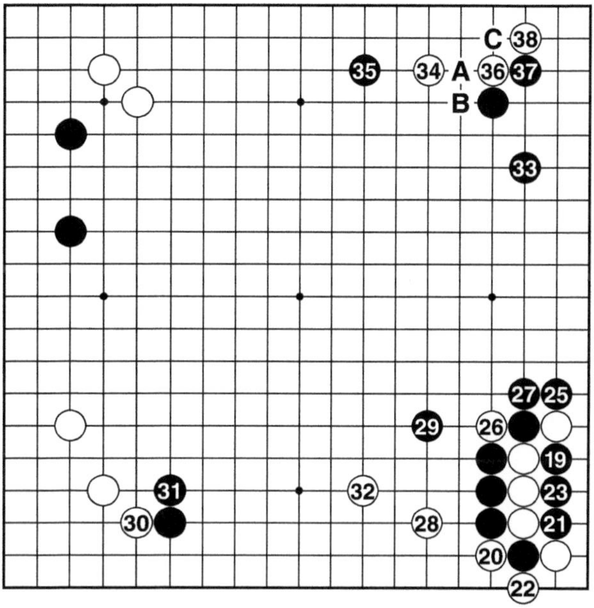

Weiß 24 deckt

Schwarz am Zug

Weiß hat gerade das Hane 38 gespielt. Danach wendete Schwarz eine neue KI-Methode an. Diese Variante sollte man nicht spielen, wenn deren Bedeutung nicht zuvor verstanden wurde. Es ist eine sehr kraftvolle Spielweise.

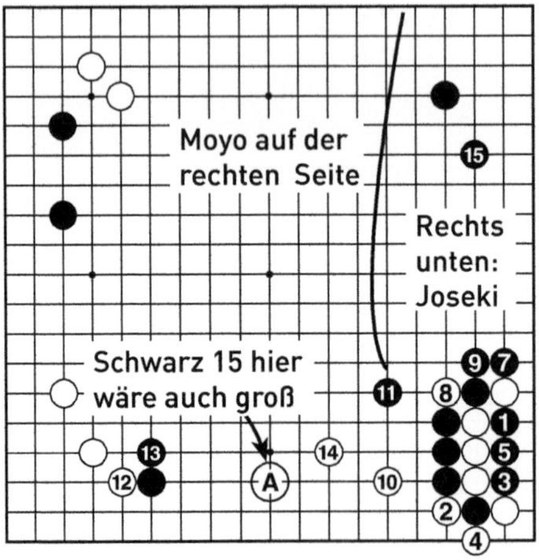

1

Partieverlauf 1

Weiß 6 deckt

Das Kontakt-Kosumi 12 und die Ausdehnung 14 sind ein guter Plan für Weiß. Für Schwarz ist eine Ausdehnung auf A ebenfalls groß, doch hier stärkt er mit 15 das Moyo oben.

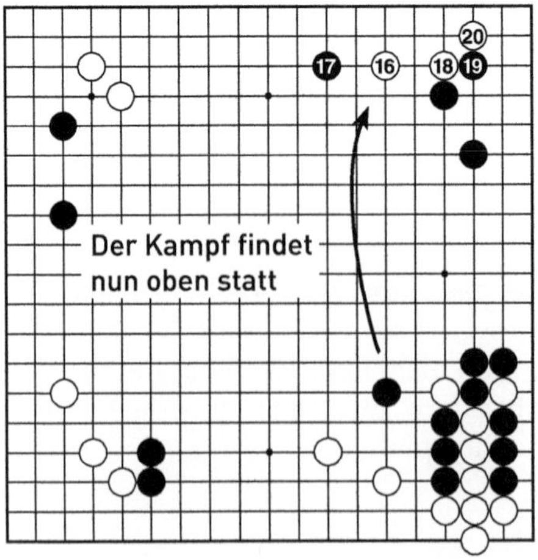

2

Partieverlauf 2

Statt Weiß 16 einen Klemmzug am unteren Rand zu spielen, wäre auch denkbar. Doch am oberen Rand ist ein Zug ebenfalls groß. Weiß spielt daher sofort 16 und möchte sich nach dem Klemmzug 17 mit 18 in leichter Form eine Basis verschaffen.

3

C

Denkbarer Zug für Weiß

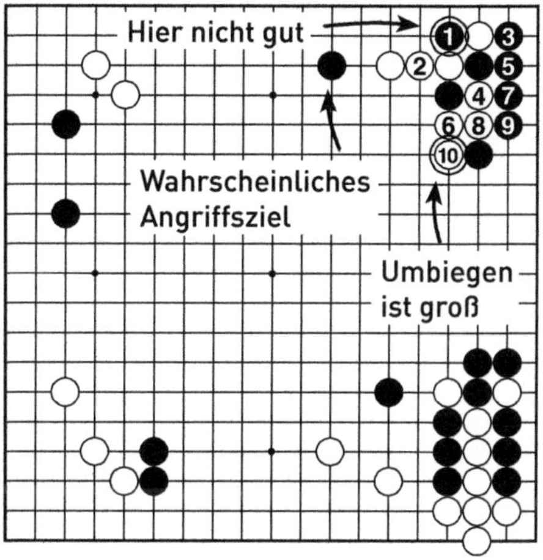

In bestimmten Situationen ist Schwarz 1 ein praktikabler Zug, es sind jedoch sehr spezielle. Setzt Schwarz hier mit 7 fort, dann hat Weiß nach 10 das Moyo erfolgreich reduziert. Das Ergebnis ist nicht gut für Schwarz.

4

A

Vorteil für Weiß

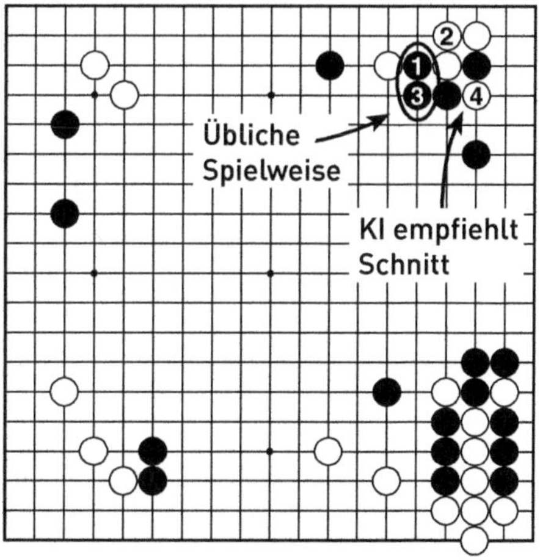

Bisher spielte Schwarz in den meisten Fällen das Atari 1 und das Verbinden 3. Das ist in dieser Situation nicht ungewöhnlich. Die KI bewertet aber, dass Weiß nach dem Schnitt 4 etwas besser steht.

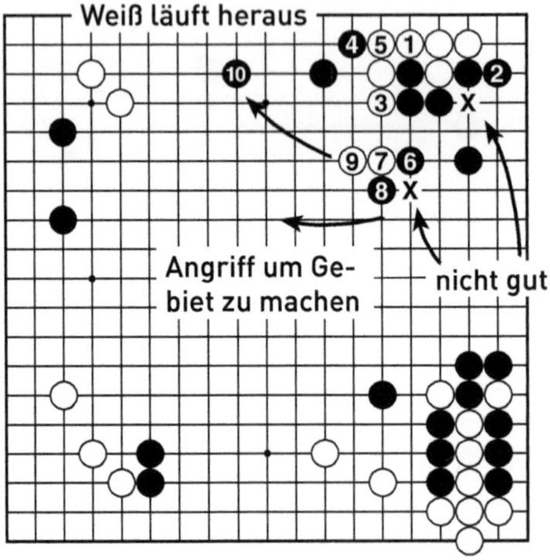

5

Wenn Weiß verbindet, kann Schwarz kämpfen

Es ist üblich, statt 4 in Diagramm 4 mit Weiß 1 zu verbinden. Für Schwarz ist es ausreichend, am rechten Rand Gebiet zu nehmen und sich am oberen auf 10 auszudehnen. Dennoch ist Schwarz aufgrund der zwei markierten Schnittpunkte besorgt.

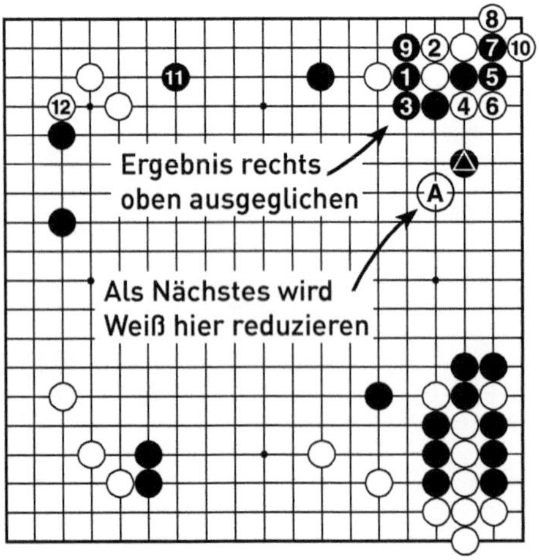

6

Stärke vs. Gebiet

Folglich schneidet Weiß auf 4. Es scheint, als erringt Schwarz im Tausch für Gebiet Stärke, jedoch ist das Gebiet in der Ecke sehr groß. Der markierte Stein ist nur lose angebunden und so ist es nicht sehr wahrscheinlich, dass Schwarz hier viel Gebiet erwarten kann.

7

Nachhand für Schwarz

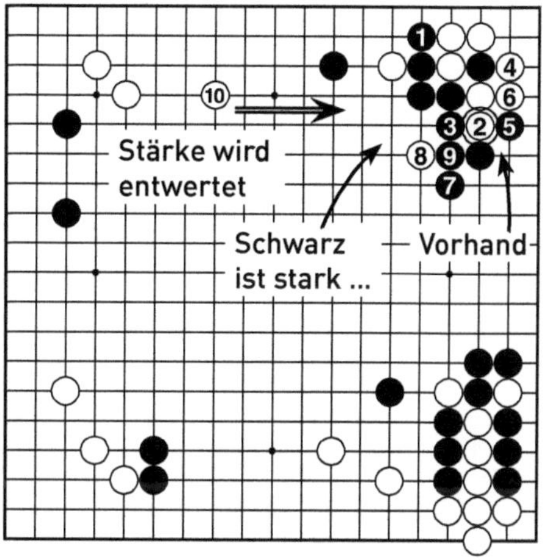

Nach Schwarz 1 ist das Schieben mit 2 Vorhand für Weiß. Den Schnitt deckt er mit der hängenden Verbindung 7. Die Ausdehnung auf 10 ist nun ein großer Zug und das Ergebnis gut für Weiß.

8

B

Richtig

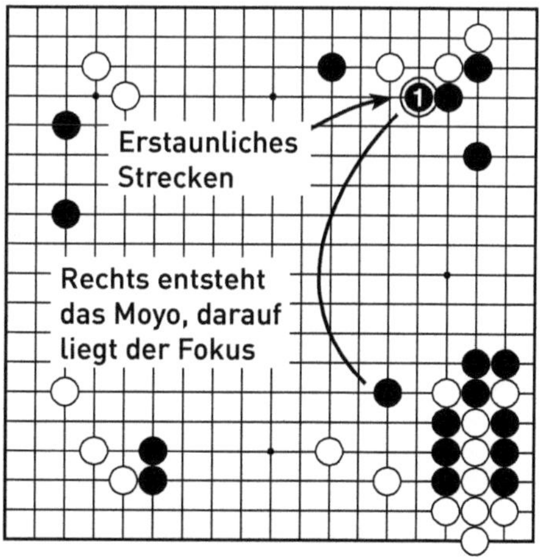

Das Strecken 1 ist einer der sensationellen Züge im KI-Stil. Als ich den Zug zum ersten Mal sah, traute ich meinen Augen nicht. Aber die Absicht dahinter ist deutlich erkennbar. Dieser Zug ist leicht anzuwenden und ist auch in Profi-Partien zu sehen.

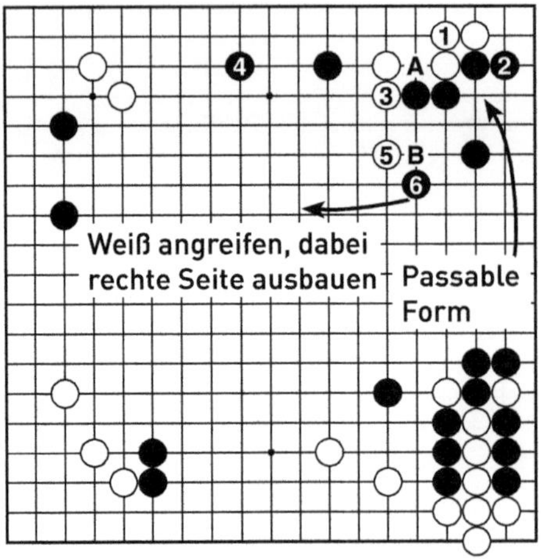

9

Nicht gut für Weiß

Verbindet Weiß mit 1, dann streckt Schwarz auf 2. Diese Abfolge ist für Schwarz besser, da er mit A eine Freiheit mehr hat. Weiß B ist deshalb nicht mehr so bedrohlich für Schwarz.

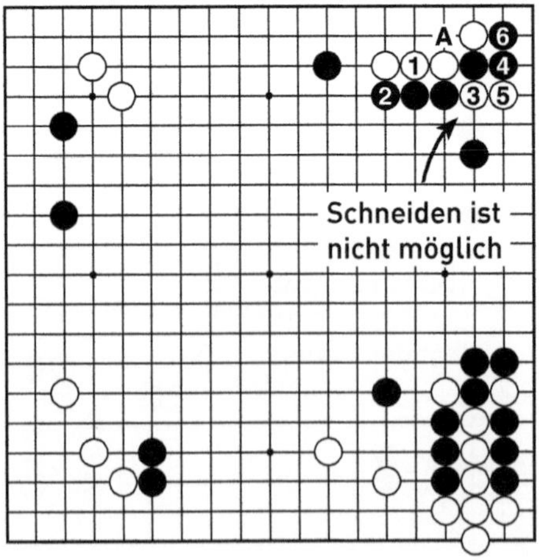

10

Schwarz gewinnt das Semeai

Deshalb verbindet Weiß auf 1. Der Schnitt 3 funktioniert nicht, denn Schwarz biegt mit 6 um und droht A an. Schwarz gewinnt das Semeai. Hier sieht man den Effekt, wenn Schwarz in Diagramm 8 auf 1 streckt.

11

Moyo auf der rechten Seite

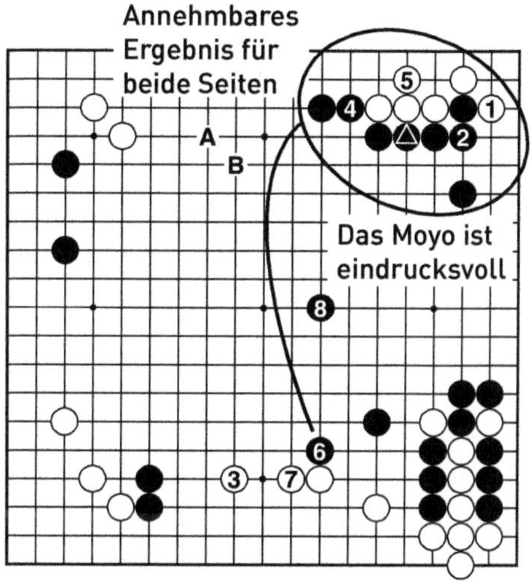

Das Atari 1 ist eine Alternative für Weiß. Nach Schwarz 4 verteidigt Weiß mit 5. Damit ist der Kampf vorerst abgeschlossen. Nach einem weißen Zug auf A baut Schwarz sein Moyo mit B weiter aus. Dies ist eine mögliche Fortsetzung nach dem markierten Stein.

12

Zuerst Hane in der Ecke

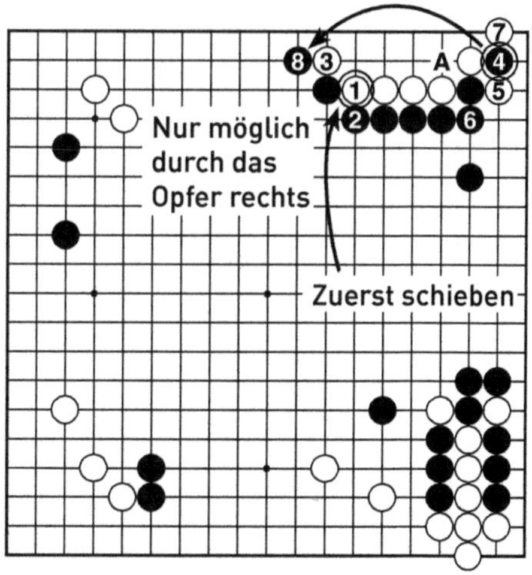

Weiß schiebt auf 1, um ein großes Leben zu bauen. Schwarz spielt das Hane 4 und droht mit A zu schneiden. Daher spielt Weiß 5 und 7.

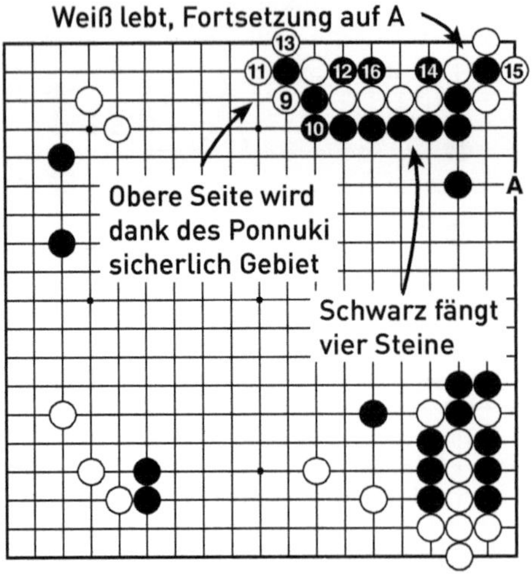

13

Neues Joseki

Weiß schlägt einen Stein, Schwarz fängt vier weiße Steine. Das Ergebnis ist ein interessanter Tausch, den man auch schon in anderen Profi-Partien gesehen hat. Obwohl die Stellung sich drastisch ändert, ist das Ergebnis ausgeglichen. Daher wird es vermutlich ein neues Joseki.

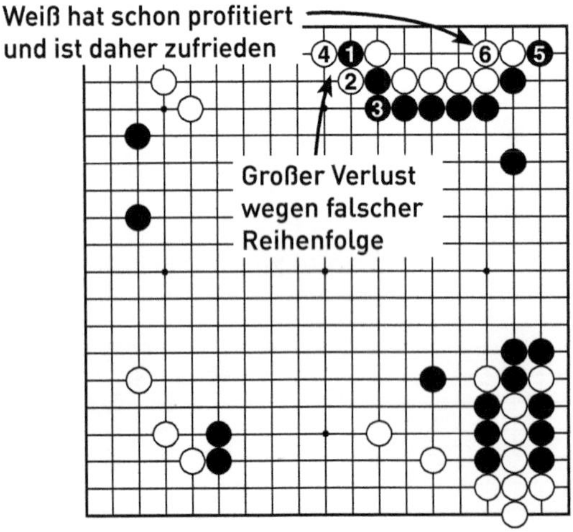

14

Schwarz ist unzufrieden

Spielt Schwarz 1 zuerst außen, dann ist das Ergebnis nach 5 unbefriedigend, denn Weiß deckt nun auf 6. Beginnt Schwarz jedoch auf 5 und Weiß deckt auf 6, dann genügt es ihm auf 2 zu strecken. Schwarz hätte dann eine gute Form.

15

Die Partie 1

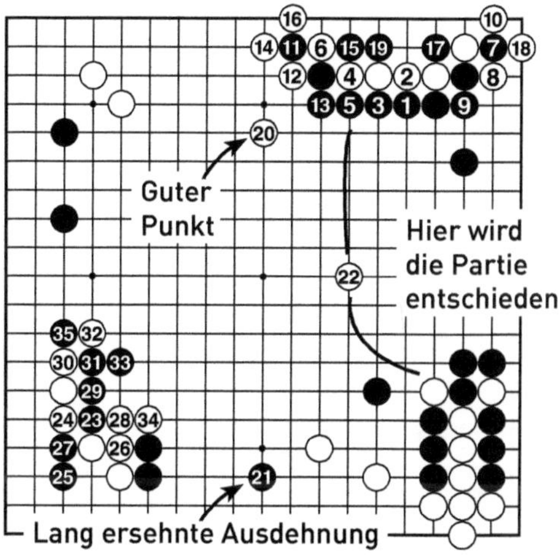

Weiß 20 und Schwarz 21 sind extrem große Züge. Weiß zielte mit 22 auf eine sanfte Reduktion des rechten Rands ab. Auf den schwarzen Konterzug 23 reagierte Weiß hart. Es entwickelte sich ein komplizierter Kampf.

16

Die Partie 2

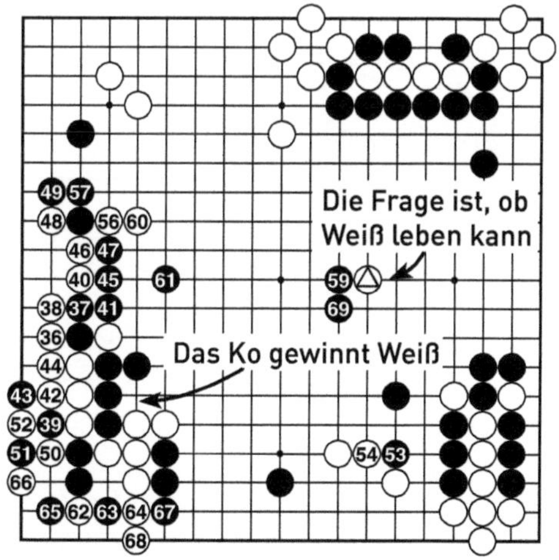

Weiß 58 auf 52
Weiß 59 auf 39

Der Schnitt 50 führte zu einem Ko. Weiß spielte 56 als Ko-Drohung. Weiß kann aber nicht auf Schwarz 59 antworten. Schwarz nutzte 69 als Ko-Drohung, um den markierten Stein zu fangen. Anschließend begann ein neuer Kampf.

Die Partie

Züge nach 115 weggelassen.
Schwarz gewinnt durch Aufgabe.

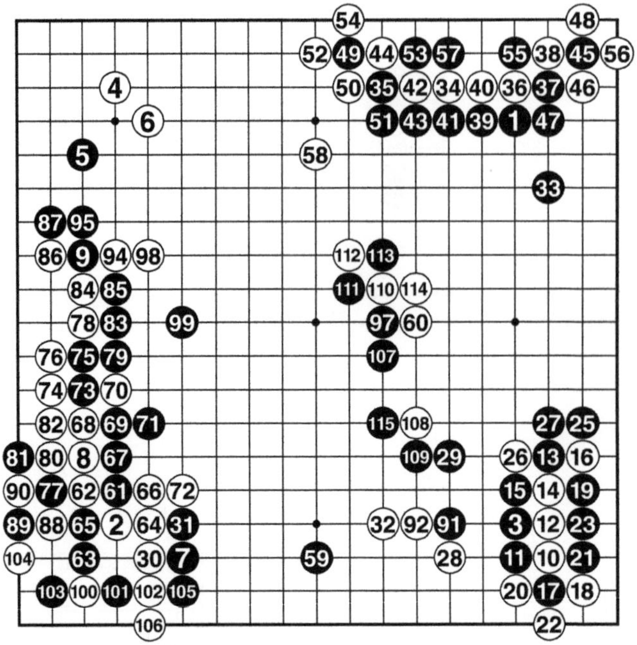

Weiß 24 auf 17, Schwarz 93 auf 77, Weiß 96 auf 90

In der nächsten Partie trifft Mukai Chiaki 5p in den IMSA Elite Mind Games auf Choi Jeong 9p, die stärkste Go-Spielerin der Welt.

Partie 6

In letzter Zeit hatte man Choi Jeong, stärkste Go-Spielerin der Welt, nicht gegen andere Spielerinnen verlieren sehen, doch Mukai gewinnt hier gegen Choi. Dieses Buch legt zwar den Fokus auf die Eröffnung im KI-Stil, aber auch Mittel- und Endspiel sind spannend und lohnen der Betrachtung.

(1 – 5)

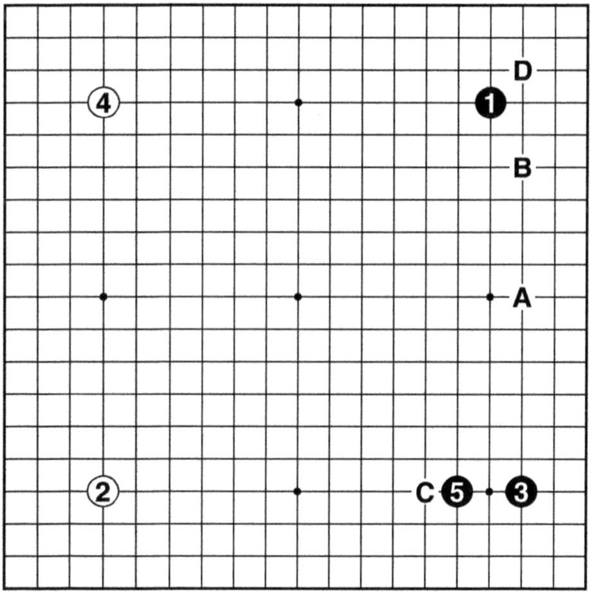

Weiß am Zug

Diese Stellung fand sich häufig in Sammlungen mit Problemen zur Eröffnung, in denen jeweils nur ein bestimmter Zug als richtig angesehen wurde. Doch seit einiger Zeit hat sich das Bild verändert und es kommen verschiedene Züge in Betracht. Hier schauen wir natürlich auf einen KI-Zug.

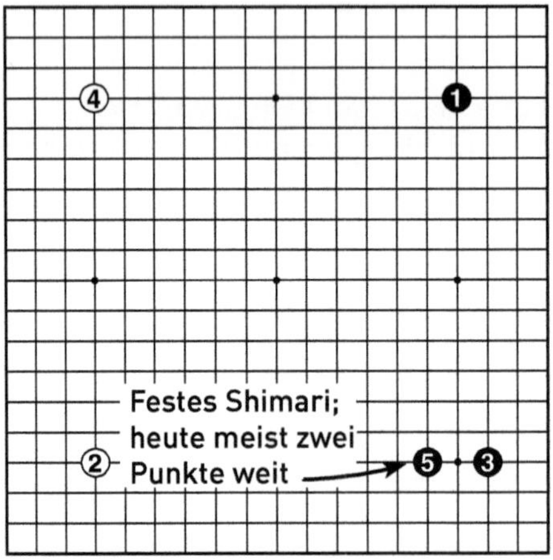

1

Partieverlauf

Für Schwarz 5 empfiehlt die KI das große Zwei-Punkte-Shimari. Das Shimari 5 ist auch gut und wird noch häufig gespielt. Es hat seine Vor- und ebenso seine Nachteile.

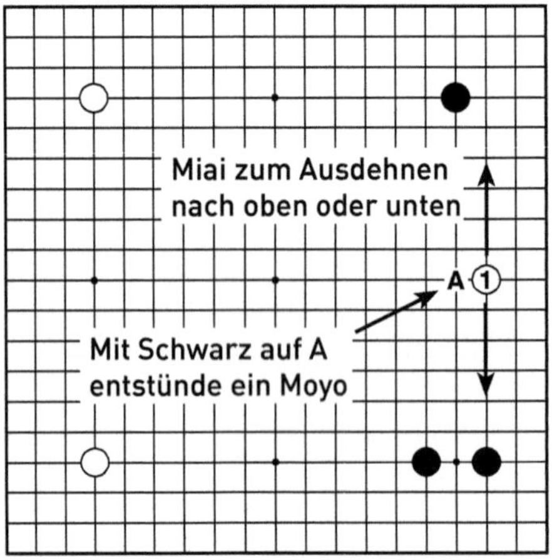

2

A
Der klassische Zug

In der Vergangenheit war die Antwort fast ausschließlich der Zug 1. Wenn Schwarz zu A kommt, dann ist die Stellung am rechten Rand nahezu ideal. Weiß 1 verhindert dies. Es ist der natürliche Zug und gilt heute als nicht schlecht.

3

Der Grund, warum das Aufsplitten des Rands nicht mehr gespielt wird

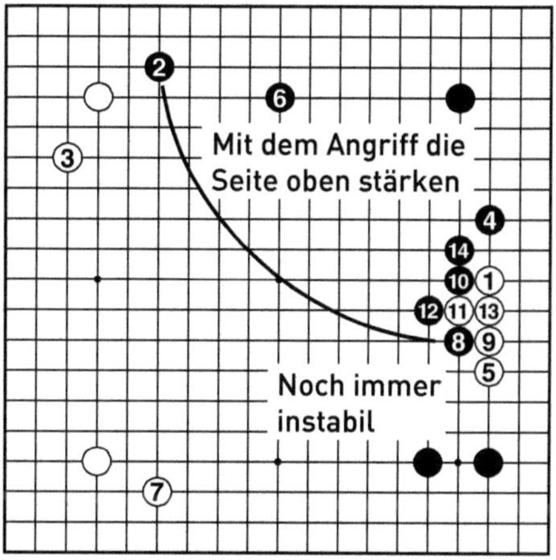

Es hat sich jedoch die hier gezeigte Zugfolge etabliert. Die Zahl der Profis, die diesen Zug nicht gut finden, hat zugenommen. Daher werden andere Züge erwogen.

4

B
Ausgeglichen

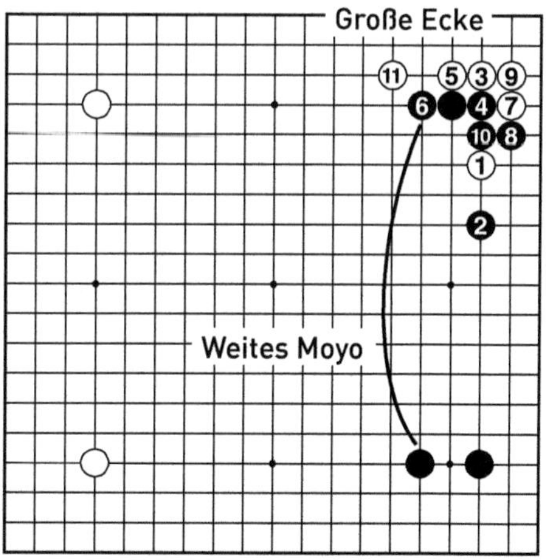

Daher wird das Kakari 1 gewählt. Der schwarze Klemmzug 2 gilt als perfekte Antwort. Weiß erhält eine große Ecke und man ist der Ansicht, dass ein ausgeglichenes Ergebnis erzielt wird.

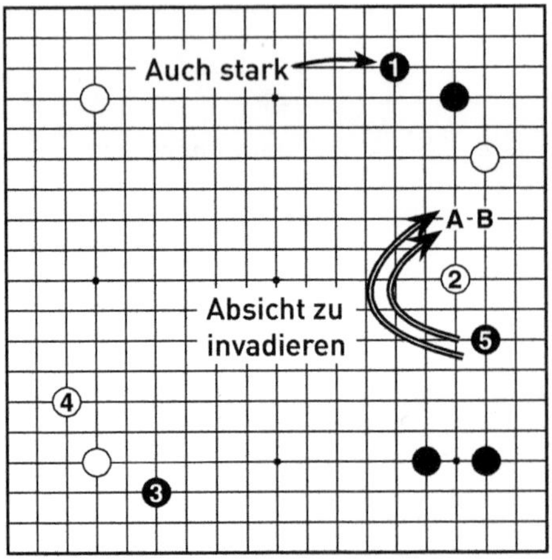

5

Schwarz klemmt nicht

Eine häufige Antwort auf das weiße Kakari ist Schwarz 1. Nach Weiß 2 verhindert Schwarz mit 5 die Ausdehnung von Weiß und übt Druck aus, indem er droht, auf A oder B zu invadieren.

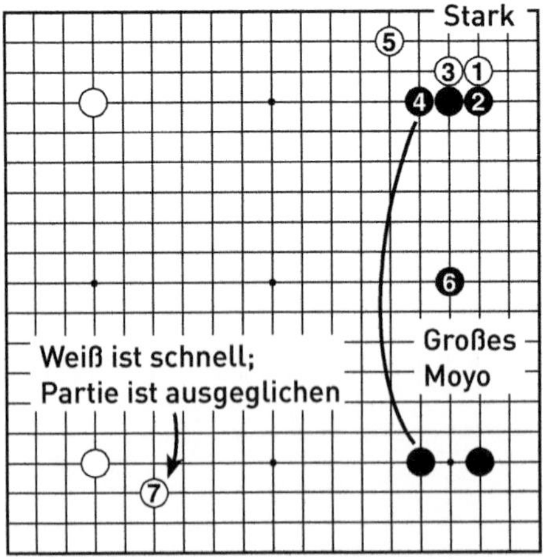

6

D

3-3-Invasion

Die KI-Spielweise ist natürlich die Invasion auf 3-3. Dies wird entsprechend häufig gespielt. Die Diagramme bis hierhin unterscheiden sich nicht so sehr, daher können Sie sich Ihren eigenen Favoriten auswählen.

7

C
Richtig

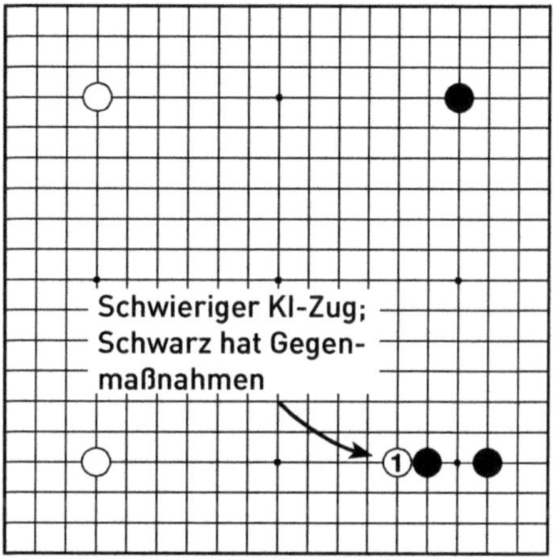

Der ungewöhnliche Zug 1, ein neuer Zug im KI-Stil, ist ein Testzug, um auszuloten, wie Schwarz darauf reagiert. Schwarz hat verschiedene starke Antworten. Daher erscheint es für Weiß schwierig, diesen Zug zu meistern.

8

Strecken
zum Rand

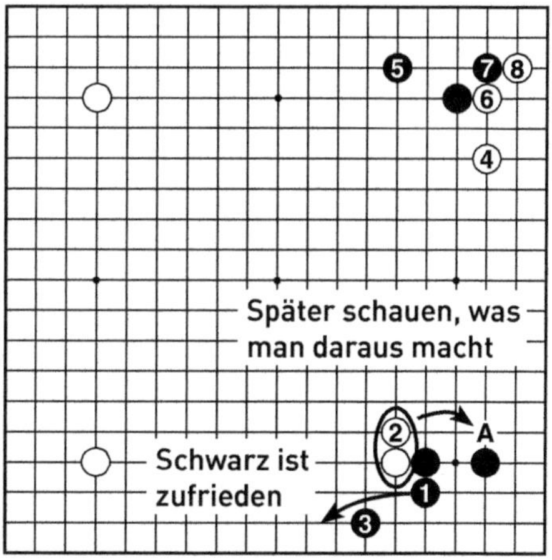

Das Strecken 1 führt zu einer Variante mit dem niedrigen Shimari. Man kann sagen, dass das Kikashi erst einmal funktioniert hat. Wenn Weiß anschließend auf 2 streckt, dann springt Schwarz auf 3. Das ist eine normale Fortsetzung.

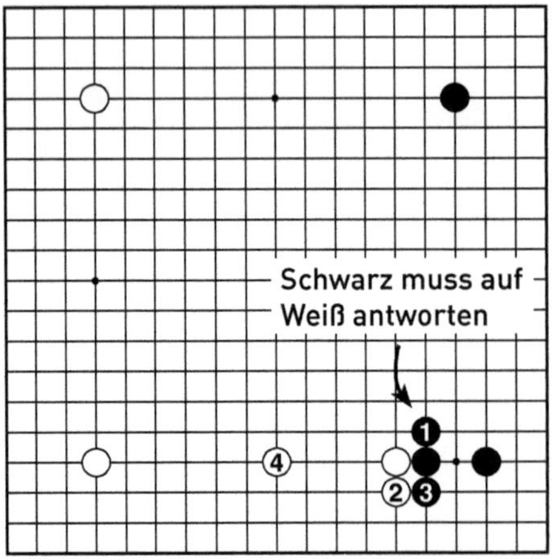

9

Strecken zur Mitte

Das Strecken nach oben wird nicht gespielt. Weiß streckt nach unten und wenn Schwarz auf 3 blockt, dann springt Weiß auf 4. Für Schwarz ist diese Spielweise zu langsam.

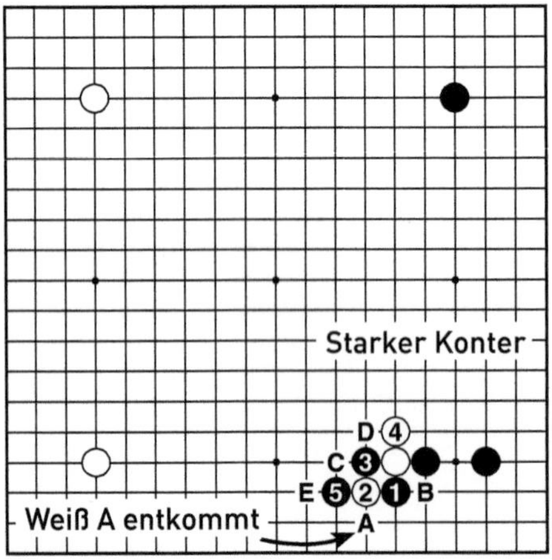

10

Hane unten

Nach dem Hane unten sind Schwarz 3 und 5 eine starke Fortsetzung. Weiß kann die zwei Steine oben mit der Zugfolge A bis E aufgeben. Das ist eine kraftvolle Fortsetzung.

11

Einen Stein opfern ist auch gut für Weiß

Schwarz 4 deckt

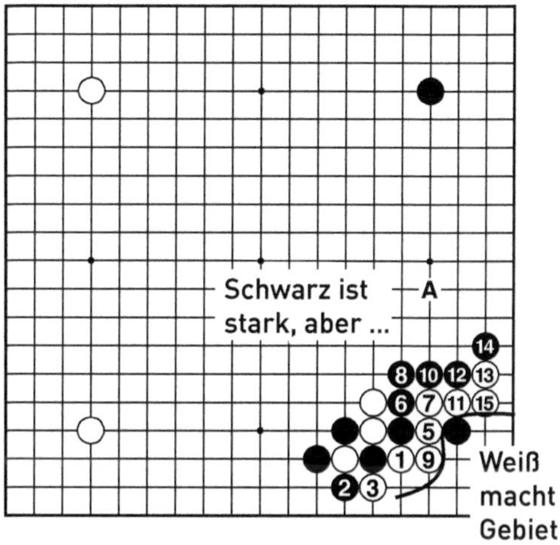

Statt der Abfolge in Diagramm 10 ist der Schnitt 1 eine interessante Variante. Geht es um Stärke, so hat Schwarz deutlich hinzugewonnen. Doch die Ecke ist groß, zumal Schwarz hier zuerst stand. Spielt Schwarz statt 6 auf 9, dann folgen erst Weiß 6 und dann der Sprung auf A.

12

Hane oben

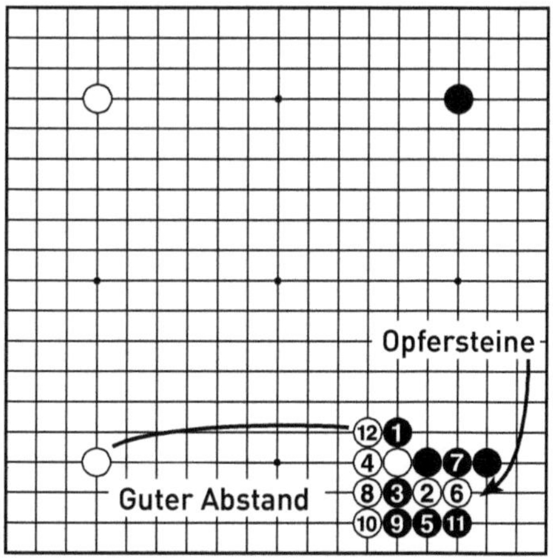

Das Hane oben beantwortet Weiß mit dem Gegen-Hane 2 unten. Den Schnitt auf 3 muss Weiß nicht fürchten, denn Weiß kann zwei Steine opfern. Nach 12 ist das Ergebnis nicht schlecht für Weiß.

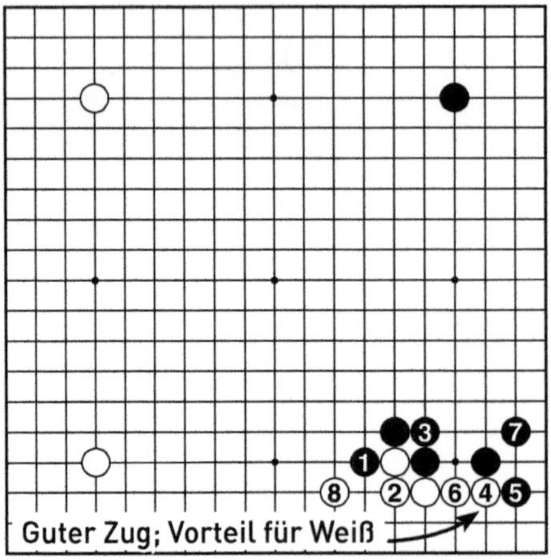

13

Anlegen von Weiß erfolgreich

Statt 3 in Diagramm 12 sind Schwarz 1 und 3 natürliche Züge. Wenn Weiß nun gleich auf 6 spielt und Schwarz auf 4 blockt, dann stünde Schwarz nicht schlecht da. Doch Weiß kann mit dem Anleger 4 einen Schritt weiter in die Ecke eindringen.

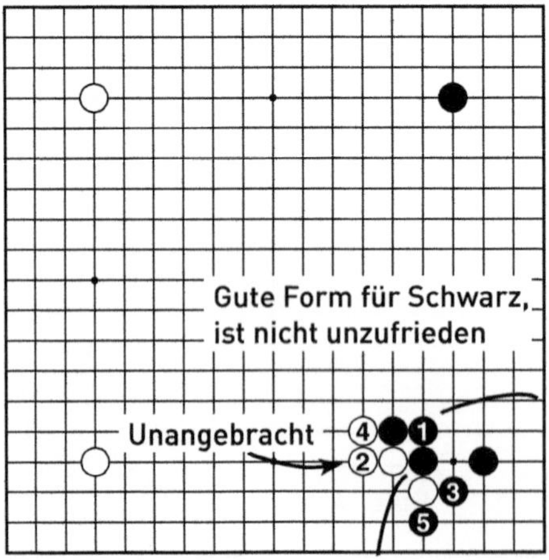

14

Gute Form für Schwarz

In der Partie spielte Schwarz 1. Streckt Weiß auf 2, weil Schwarz das Atari ausgelassen hat, so macht Schwarz mit 3 und 5 gute Form. Schwarz ist nicht unzufrieden.

15

Die Partie 1

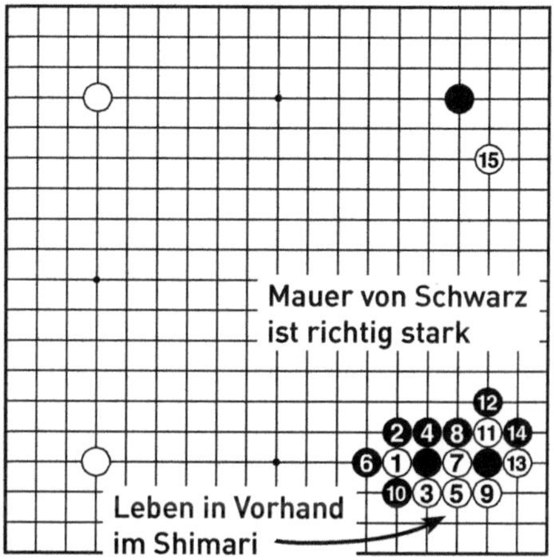

Das Atari 6 konterte Weiß mit 7 und drang in die Ecke ein. Dieses neue Joseki endete mit Schwarz 14. Schwarz sieht stark aus, doch das Ergebnis wird als ausgeglichen angesehen.

16

Die Partie 2

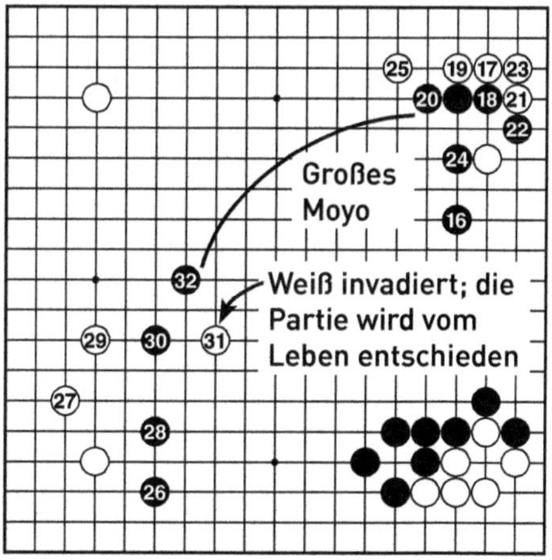

Es entstand ein riesiges Moyo von der Ecke oben rechts bis zum unteren Rand. Weiß drang mit 31 in das Moyo ein und die Partie hing davon ab, wie Schwarz diesen Stein angreifen kann.

Die Partie

Züge nach 93 weggelassen.
Schwarz gewinnt durch Aufgabe.

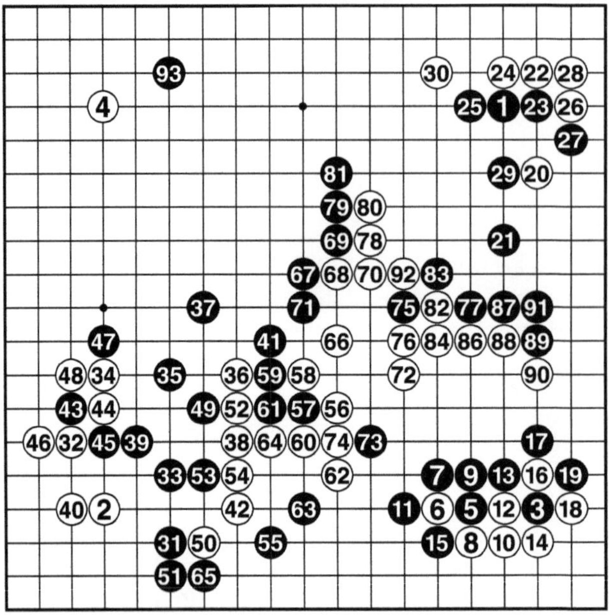

Schwarz 85 auf 3

Die nächste Partie zeigt die Begegnung zwischen Byun Sangil 9p aus Korea und Tao Xinran 7p aus China in der zweiten Runde des 24. LG Cup. Byun zählt zu den stärksten koreanischen Spielern. Tao zeigt ebenso starke Ergebnisse in China.

Partie 7

In der Eröffnung entsteht in der linken oberen Ecke eine Stellung, die ohne vorheriges Studium nur schwierig zu spielen ist. Die beiden Spieler zogen mutig in den Kampf, der von einem schwierigen Verlauf geprägt ist.

(1 – 10)

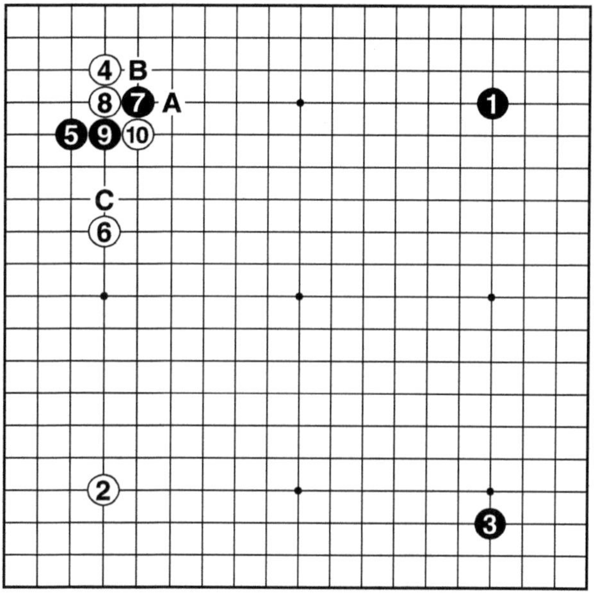

Schwarz am Zug

Die Profi-Partien, in denen Weiß den Klemmzug 6 spielt, sind deutlich weniger geworden. Das liegt vor allem daran, dass die KI eine scharfe Antwort für Schwarz aufgezeigt hat. Es ist schwierig, hierauf eine geeignete Gegenmaßnahme zu finden.

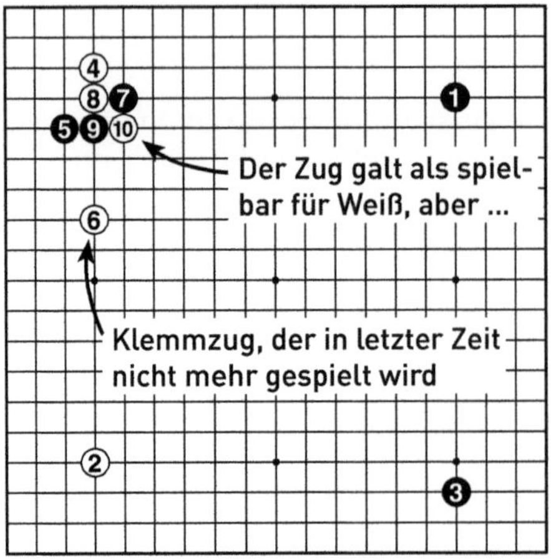

1

Partieverlauf

Weiß 6 und der Schnitt 10 sind eine Strategie, mit der Weiß absichtlich einen neuen KI-Zug spielen und sich angreifen lässt, bevor er dann kontert. Diese Spielweise gilt heute als vorteilhaft für Schwarz, aber weil es schwierige Varianten gibt, kann sich diese Bewertung in Zukunft noch ändern.

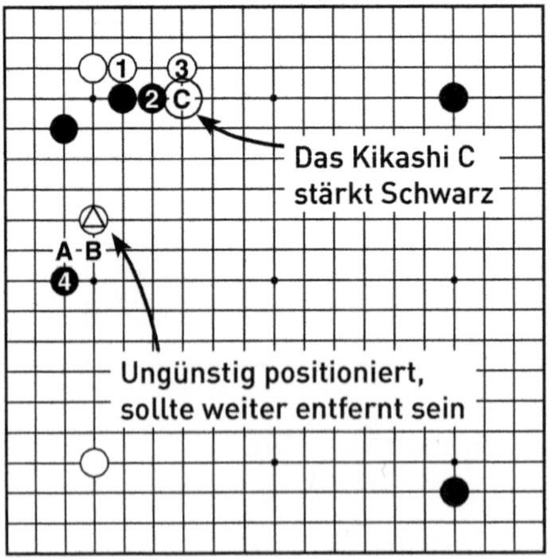

2

Klemmzug nicht optimal positioniert

Weiß 1 ist kaum spielbar, denn der markierte Stein ist ungünstig positioniert. Wenn man so spielen möchte, dann sollte der Stein besser auf A oder B stehen. Beginnt Weiß mit dem hohen Zwei-Punkte-Klemmzug, dann sollte er wie in der Partie fortsetzen und Schwarz schneiden.

3

C
Friedliche Aufteilung

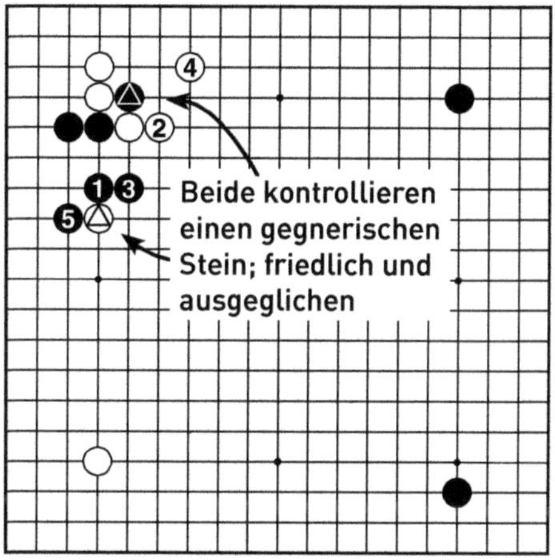

Der Kontaktzug 1 ist ein guter Zug. Die Fortsetzung bis 5 wurde früher häufig gespielt. Möchte man ruhig spielen, dann ist dies eine geeignete Spielweise.

4

Komplizierte Variante

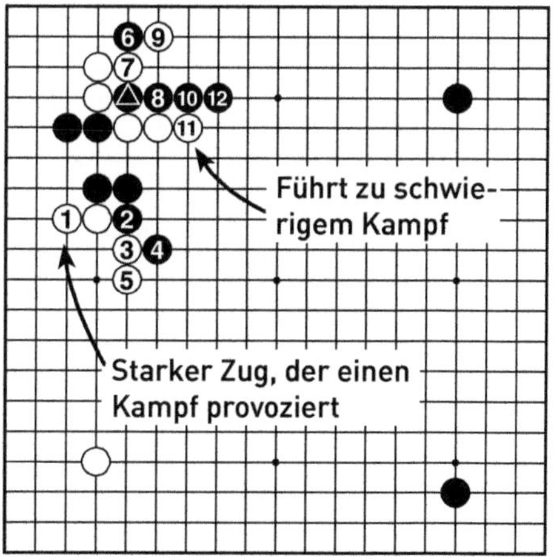

Während das vorherige Diagramm eine friedliche Spielweise zeigt, kann Weiß mit 1 auch einen härteren Weg einschlagen. Diese Abfolge wurde eine Zeit lang gern gespielt. Wenn es einer der Spieler darauf anlegt, dann ist nach dem Schneiden des markierten Steins ein Kampf unvermeidlich.

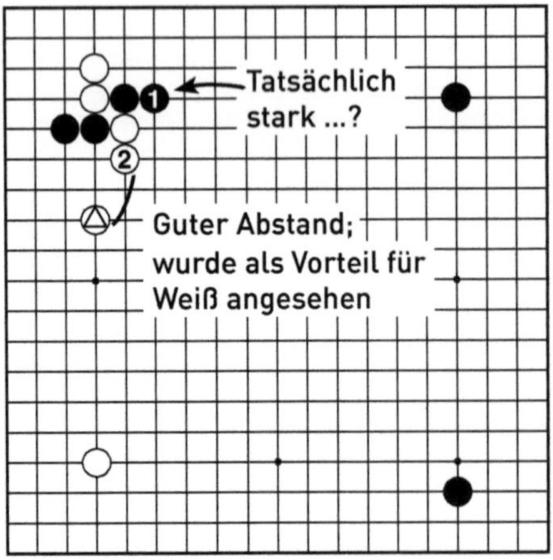

5

A Tatsächlich stark

Früher war es unumstritten, dass nach dem beiderseitigem Strecken auf 1 und 2 Weiß in diesem Kampf einen Vorteil hat. Die KI jedoch bewertet das Strecken auf 1 als gut für Schwarz und sieht keinen Vorteil für Weiß.

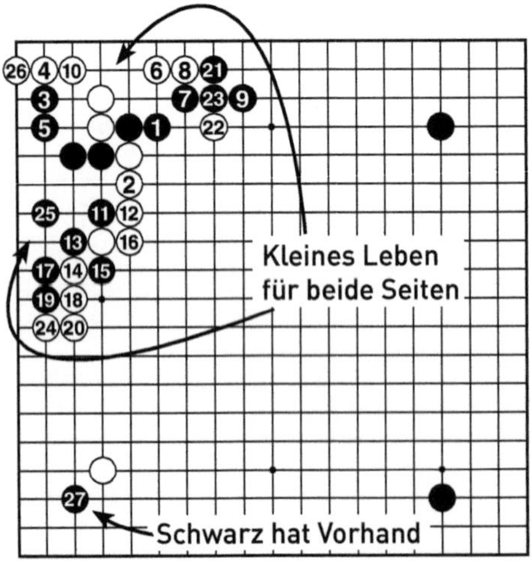

6

Beispiel einer Fortsetzung

Diese Fortsetzung als Beispiel genommen zeigt, dass das Ergebnis nicht schlecht für Schwarz ist. Schwarz 1 könnte in Zukunft an Bedeutung gewinnen. In der Partie hat Schwarz allerdings 1 in Diagramm 7 gespielt, was Weiß vor andere Herausforderungen stellte.

7

B

Richtig

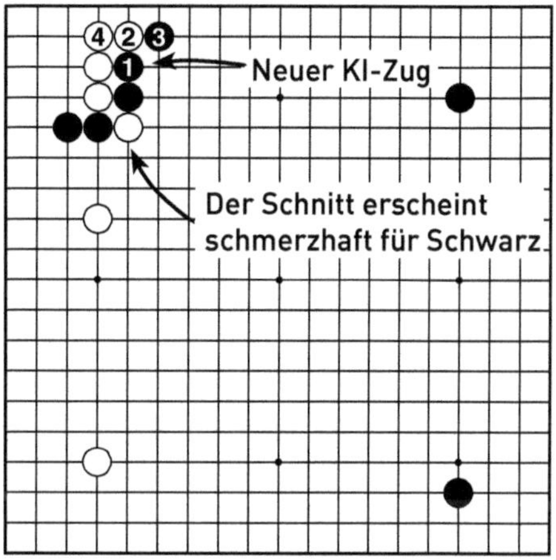

Das Blocken auf 1 ist ein starker Zug, der von der KI aufgebracht wurde und dazu führte, dass der Zwei-Punkte-Klemmzug nicht mehr so oft gespielt wird. Auf den ersten Blick sieht es wie ein Trick von Schwarz aus, der nicht funktionieren kann.

8

Atari und Sprung sind gute Züge

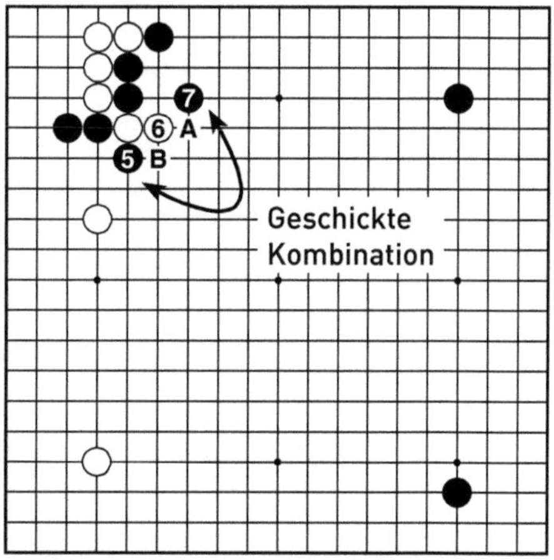

Anschließend setzt Schwarz mit den geschickten Zügen 5 und 7 fort und Weiß ist in Schwierigkeiten. Für Weiß ist ein Zug auf A oder B die natürliche Antwort. Schwarz kann aber strecken und gute Form machen.

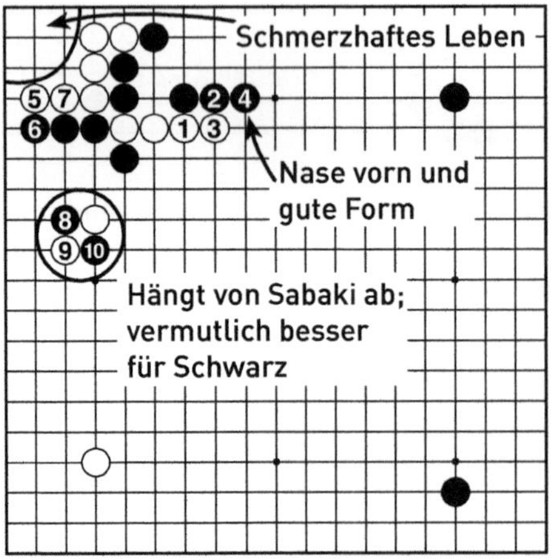

9

Schwarz kann zurechtkommen

Das Schieben mit 1 zwingt Schwarz zu 2 und verbessert dessen Form. Doch das heißt nicht, dass dies eindeutig gut für Schwarz ist. Das Leben in Nachhand mit 7 ist bitter. Nach dem Schneiden mit 8 und 10 scheint Schwarz hier recht gut zurechtzukommen.

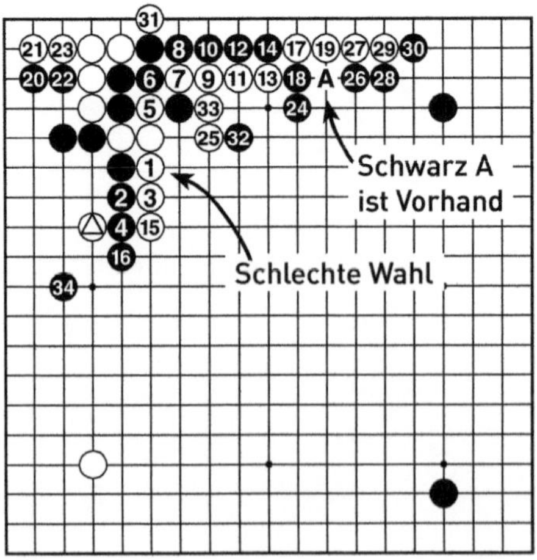

10

Schieben erscheint schlecht

Das Schieben mit Weiß 1 sieht wie eine schlechte Spielweise aus, da der markierte Stein aufgegeben wird. Es gibt verschiedene Optionen, doch wenn man wie in diesem Diagramm spielt, dann sieht es für Schwarz nicht schlecht aus.

11

Es sieht nach schwierigem Kampf für Weiß aus

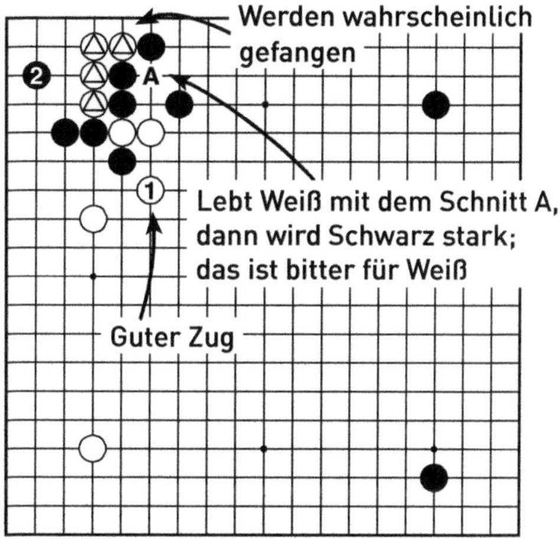

Weiß 1 ist ein Zug, der den Schwung von Schwarz dämpft, aber nicht so stark ist, dass Schwarz antworten müsste. Daher springt Schwarz in die Ecke. Diese Stellung sieht nach einem harten Kampf für Weiß aus, aber so einfach ist es nicht.

12

Schwieriger Kampf

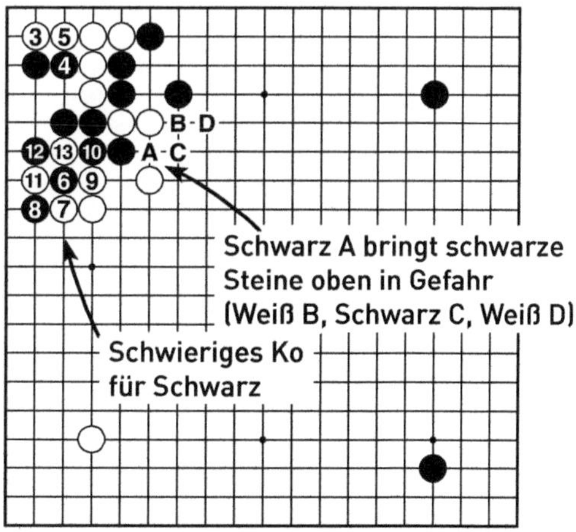

Als Nächstes sind Weiß 3 sowie Schwarz 4 und 6 zu erwarten. Weiß 7 und 9 sind überraschend druckvoll und führen zu einem schwierigen Kampf. Weil der Schnitt von Weiß auf 10 Vorhand ist, möchte Schwarz auf 10 decken. Aber nun beginnt ein Ko und Schwarz lebt noch nicht sicher.

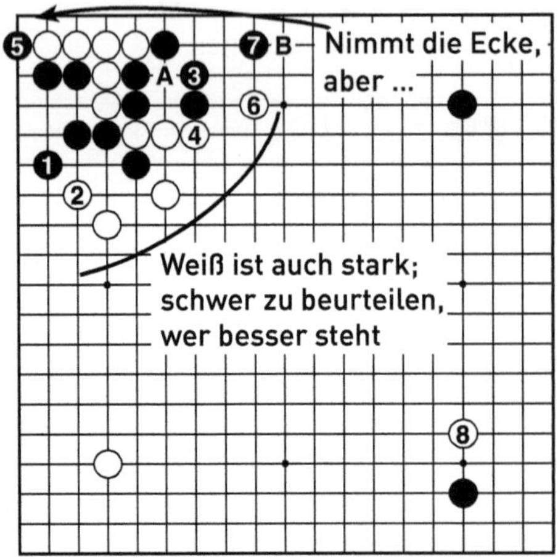

13

Opfersteine

Statt 6 im vorherigen Diagramm kann Schwarz den soliden Zug 1 spielen, aber nach Weiß 2 bleibt es schwierig. Schwarz ist besorgt um A und spielt daher 3 und 5. Somit gibt Weiß sechs Steine in der Ecke auf und behält das Aji auf B für später im Auge.

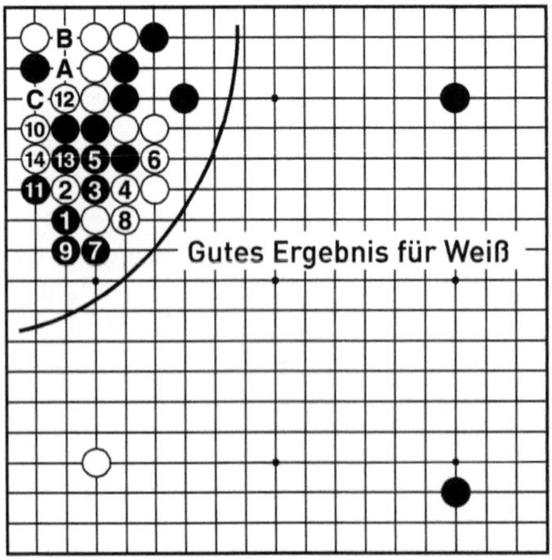

14

Bedeutung des Anlegens

Schwarz 15 auf 2

In der Partie unterließ Schwarz den Abtausch A für B und spielte das Anlegen 1. Der Grund könnte sein, dass Schwarz diese Abfolge erwartete und dann der Schnitt auf C nicht zurückbliebe. Das wäre natürlich sehr schlecht.

15

Die Partie 1

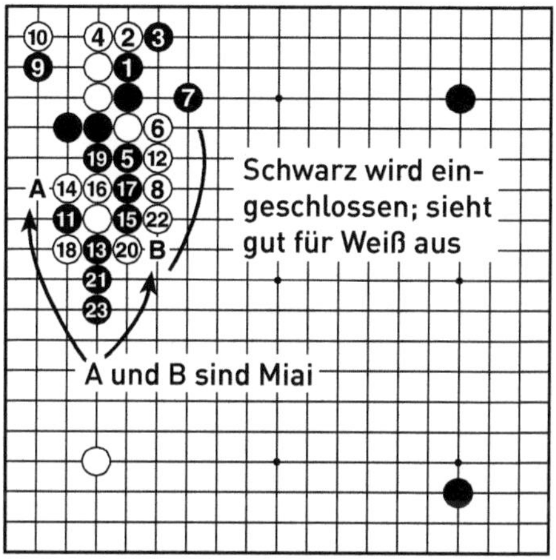

Auf den ersten Blick sieht die Stellung besser für Schwarz aus, denn A und B sind Miai. Doch tatsächlich ist es unbefriedigend für ihn. Diese Form gibt Schwarz mehrere starke Fortsetzungen, doch man kann nicht sagen, dass er damit tatsächlich besser steht, denn diese Form ist noch nicht ausreichend erforscht.

16

Die Partie 2

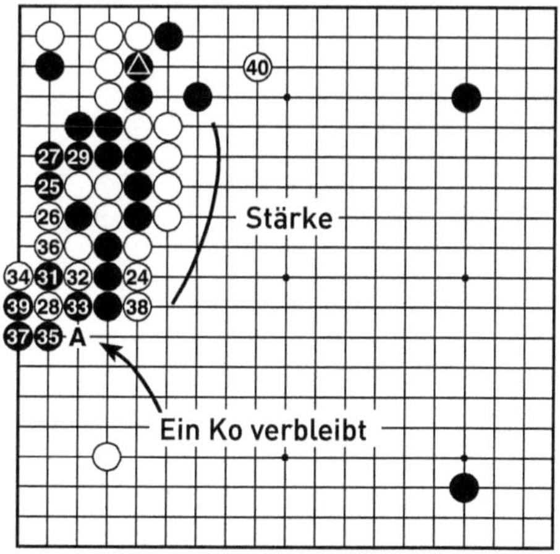

Weiß 30 deckt

Weiß wurde auf der linken Seite gefangen, bekam jedoch den Klemmzug 40. Das ist nicht schlecht für Weiß. Und genau betrachtet bleibt sogar ein Ko zurück. Der neue KI-Zug (markierter Stein) ist stark und daher ist es üblich, dass Weiß versucht, ihn zu vermeiden.

Die Partie

Züge nach 92 weggelassen.
Schwarz gewinnt durch Aufgabe.

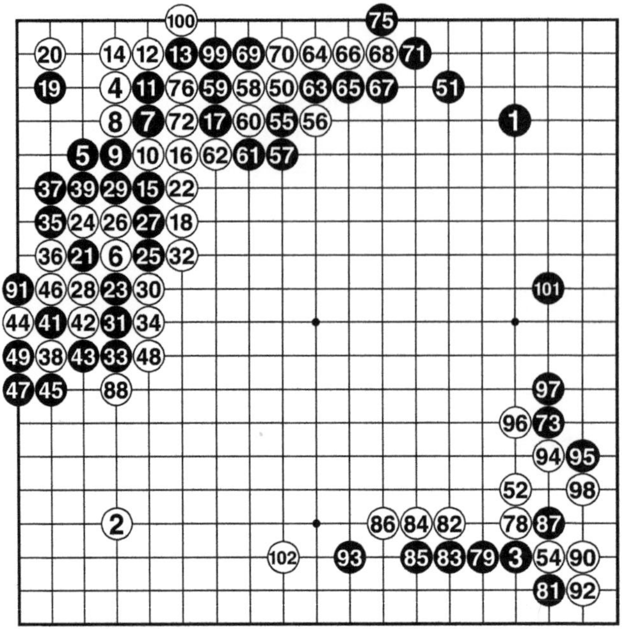

Weiß 40 auf 21, Schwarz 53, 77, 89 auf 41, Weiß 74, 80 auf 38

Die nächste Partie wurde von Oomote Takuto 2p und Numadate Sakiya 6p im Shinjin O-Turnier ausgetragen.

Kolumne 2

Go und Shogi

Die Beziehung zwischen der Go-Welt und der Shogi-Welt lässt sich weniger wie eine zwischen zwei Konkurrenten beschreiben, eher wie eine zwischen zwei guten Brüdern. Über lange Zeit hat sich eine freundschaftliche Beziehung aufgebaut.

Ich spiele Shogi nur als Hobby und habe kürzlich erfahren, dass die älteste Aufzeichnung mit einer spezifischen taktischen Stellung, dem „Turm (Streitwagen) auf der 4. Linie" (右四間飛車, *migi shiken-hisha*), in einem Shogi-Buch von Ōhashi Sōkei und Honinbō Sansa (Gründer des Honinbō-Hauses und starker Shogi-Spieler) auftaucht. Ich war darüber überrascht, weil ich nicht dachte, dass ich in einem Shogi-Buch den Namen Honinbō Sansa entdecken würde.

Was die besonderen Begriffe angeht, so gibt es davon viele, die in beiden Spielen gebräuchlich sind. Der bekannteste Begriff ist Keima, ein Go-Begriff, der aus der Bewegung des Springers im Shogi (桂馬, *keima* = Lorbeerpferd) abgeleitet ist.

Viele weitere gemeinsame Begriffe gibt es, deren genauer Ursprung unbekannt ist. Begriffe wie Sabaki und Hiraki werden auch im Shogi verwendet. Es ist schwer, an einen Zufall zu glauben. Aber es mag denkbar erscheinen, dass ein alter Spieler sie interessant und nachahmenswert fand und sie sich dann später im Laufe der Jahre etabliert haben.

Für mich ist Shogi ein Hobby, aber es ist nicht nur ein Hobby, sondern eine großartige Ergänzung zu meinen Aktivitäten als Go-Spieler. Der Grund, warum ich dieses Buch hier geschrieben habe, war, dass ich an einem vom Mynavi Verlag gesponserten Tribodian-Turnier (Go-Shogi-Othello-Turnier) teilgenommen habe und vom Verlag angesprochen wurde. Als ich das Buch schrieb, erinnerte ich mich an die Sichtweise, mit der ich Shogi-Bücher lese, welche in ihrer Art von Darstellungen und Schreibweise leicht zu verstehen sind. Dies waren wertvolle Hinweise, die ich aus der Erfahrung als Leser von Amateur-Shogi-Büchern erhalten habe.

Ein weiteres Plus ist der gute Schlaf. Früher hatte ich nachts Schlafstörungen, aber seit ich anfing, Shogi-Bücher in meinem Bett zu lesen, verschwanden meine Sorgen. Ein Roman war für mich nicht zum Schlafen geeignet, weil ich mir stets Sorgen um die Fortsetzung machte. Zwar sind Shogi-Bücher an einigen Stellen recht schwierige Kost, dennoch schlafe ich ein bevor ich es merke. Vielleicht haben einige Leser ebensolche Erfahrung mit diesem Phänomen. Ich würde mich freuen, wenn jemand mein Buch liest und deshalb nachts gut schlafen kann (Lachen).

Partie 8

Das Shinjin O-Turnier ist eine große Bühne für junge Profis. Daher scheut man sich in der Regel, neue Techniken zu erproben. Aber hier wenden beide Spieler sie zuversichtlich an. Die hier gezeigte Eröffnung war eine Zeit lang populär, vor allem in Internet-Partien.

(1 – 7)

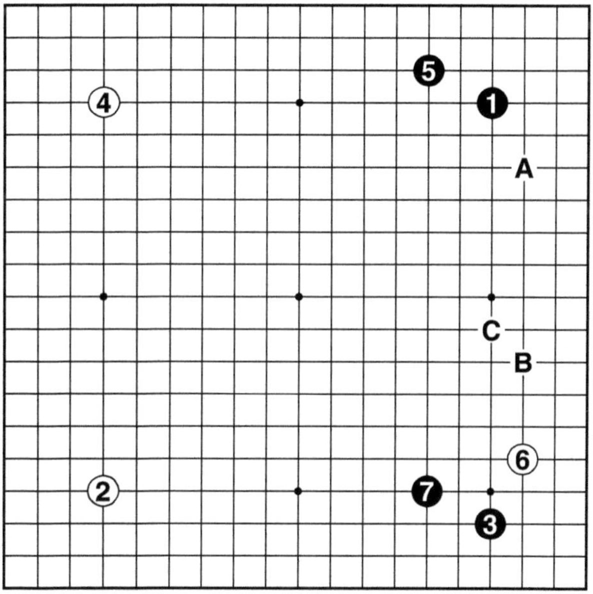

Weiß am Zug

Schwarz beantwortete Weiß 6 mit dem Keima 7. Anschließend wählte Weiß einen besonderen Zug im KI-Stil, der sich von der traditionellen Spielweise unterscheidet. Nicht nur dieser nächste Zug, sondern auch die darauf folgende Spielweise ist beachtenswert.

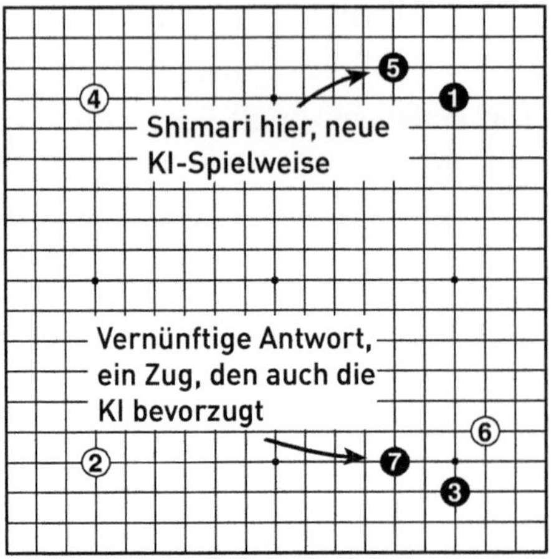

1

Partieverlauf

Das Shimari 5 ist ebenfalls ein Zug, der durch KI aufgekommen ist. Bis jetzt war das Shimari auf 6 üblich. Diese Eröffnung war vor allem in Internet-Partien populär.

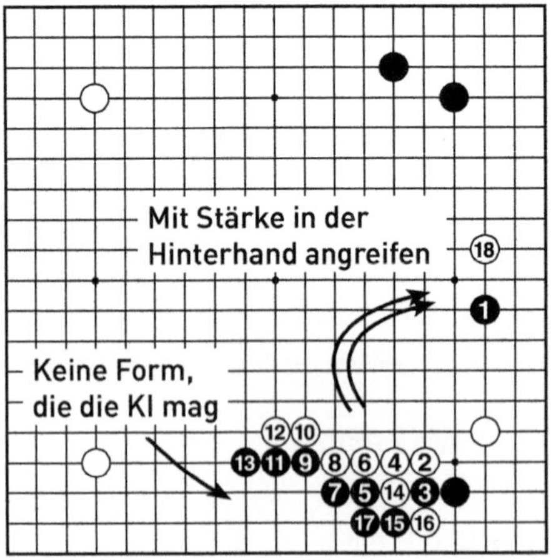

2

Niederdrücken nach Klemmen

Schwarz möchte mit dem Klemmzug 1 angreifen, aber dann spielt Weiß das Niederdrücken mit 2. Die Form nach Weiß 2 bis Schwarz 5 bewertet die KI als gut für Weiß. Daher wird diese Variante nur noch selten gespielt.

3

Anlegen und außen herumgehen provoziert Konter

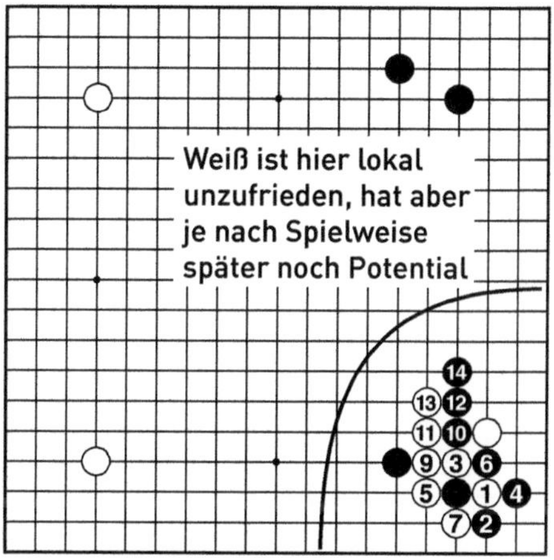

Schwarz 8 auf 1

Weiß 1 und 3 werden mit Schwarz 4 gekontert. Schließlich schneidet Schwarz auf 10. Das ist ein Nachteil für Weiß.

4

B

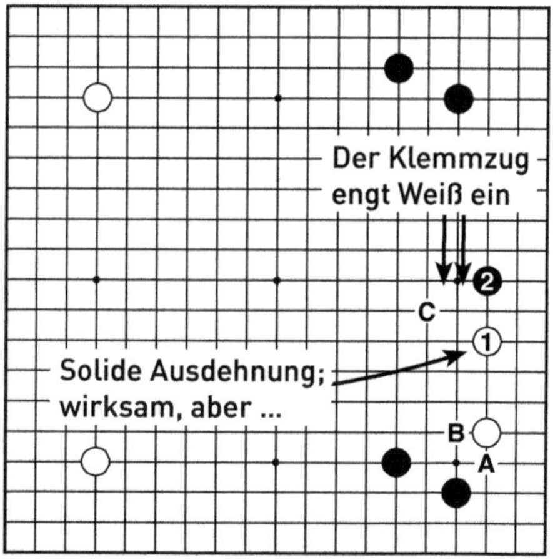

Die Zwei-Punkte-Ausdehnung ist ein normaler und solider Zug. Aber wenn Schwarz mit 2 nah herankommt, dann ist die Ausdehnung nicht breit genug. Weiß könnte mit A bis C angegriffen werden.

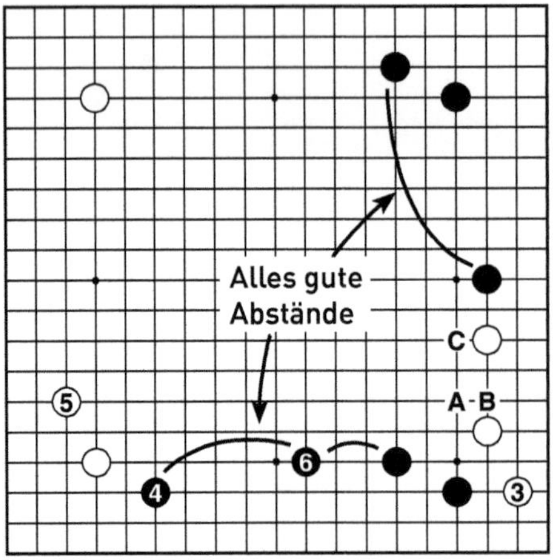

5

Schwarz freut sich über die Eröffnung

Das Springen in die Ecke mit 3 ist groß, aber Schwarz 4 und 6 übernehmen den unteren Rand. Als Nächstes droht die Abfolge Schwarz A, Weiß B und Schwarz C, die ein Moyo vom unteren Rand bis zur rechten Seite entstehen lässt.

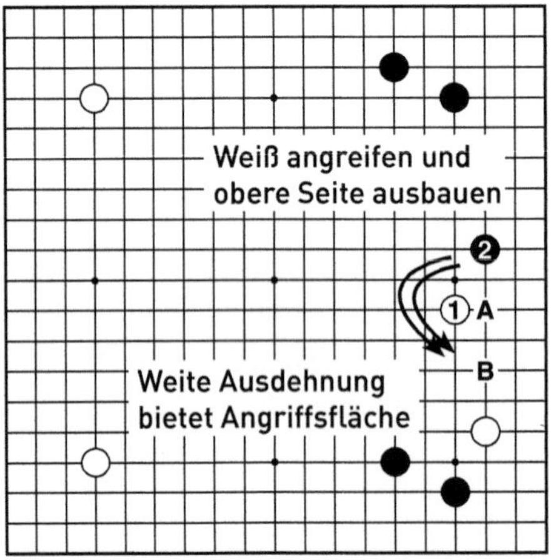

6

C

Invasion droht noch

Weiß 1 ist eine weite und offene Ausdehnung. Schwarz verhindert mit 2 eine weitere Ausdehnung von Weiß und zielt auf eine Invasion ab. Um diese zu verhindern, muss Weiß noch einmal spielen, was bitter ist. Weiß A hat gegenüber 1 einen kleinen Vorteil, doch der Schwachpunkt auf B verbleibt ebenso.

7

Mögliche Spielweise

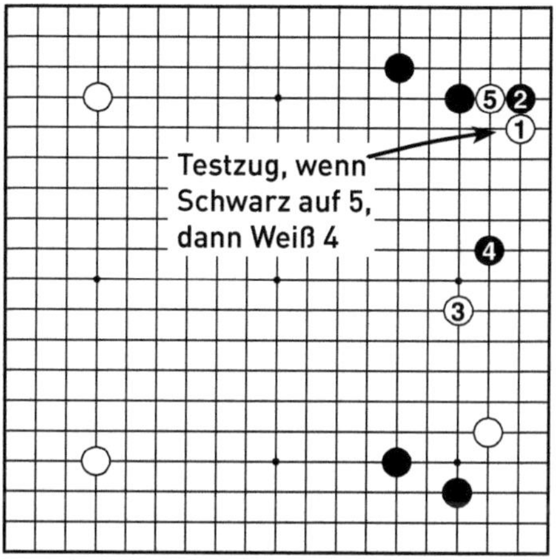

Es ist auch interessant, zuerst Weiß 1 zu spielen, wenn Weiß die weite Ausdehnung auf 3 beabsichtigt. Nach Schwarz 4 quetscht sich Weiß mit 5 zwischen die schwarzen Steine. Diese Abfolge ist zwar ungewöhnlich, wurde aber schon in Partien gespielt.

8

A

Richtig

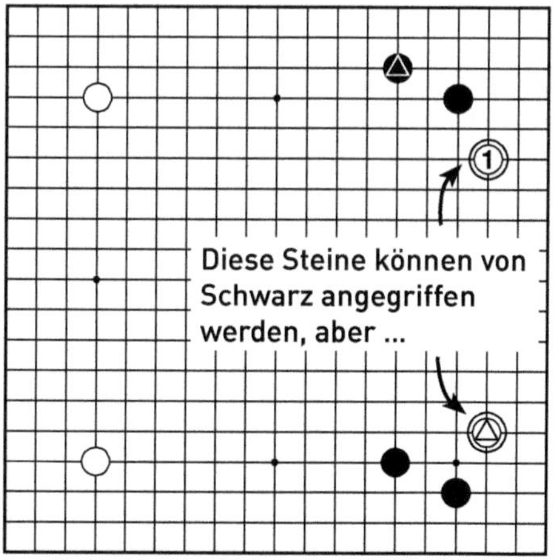

Obwohl der markierte schwarze Stein schon da steht, spielt Weiß auf 1. Das ist die KI-Methode, die zunächst etwas seltsam wirkt. Beide weißen Steine könnten angegriffen werden, doch Weiß kann sich darauf flexibel einstellen.

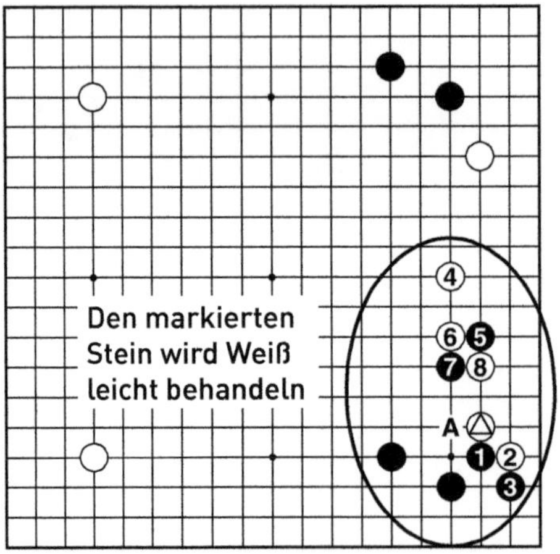

9

Kikashi funktioniert nicht

Das Kontakt-Kosumi zielt darauf ab, Weiß mit A eine schwere Form aufzudrängen. Doch Weiß wird darauf nicht antworten. Weiß kann eventuell den markierten Stein opfern und ist zufrieden, wenn die Fortsetzung wie in diesem Diagramm verläuft.

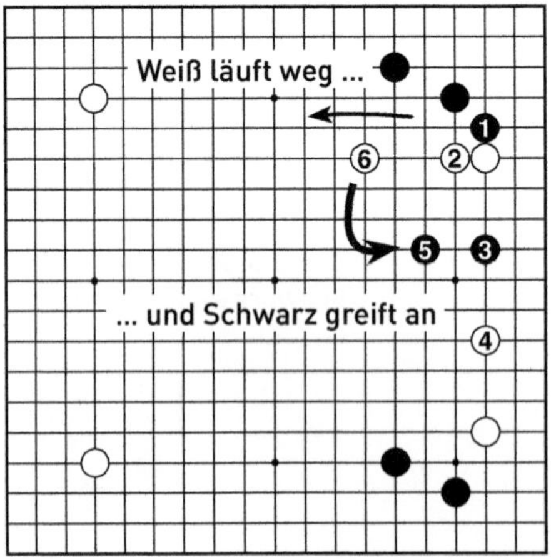

10

Position des Klemmzugs

Nach dem Kontakt-Kosumi kann Weiß nicht Tenuki spielen, denn ein schwarzes Hane auf 2 wäre bitter für ihn. Für Schwarz ist es schwer, den richtigen Klemmzug zu finden. Schwarz 3 ist lokal ein normaler Zug, doch nun kann Weiß die Ausdehnung 4 spielen. Der Angriff mit 3 und 5 gegen Weiß ist schwach. Schwarz braucht eine kreative Idee.

11

Wie von Schwarz erwünscht

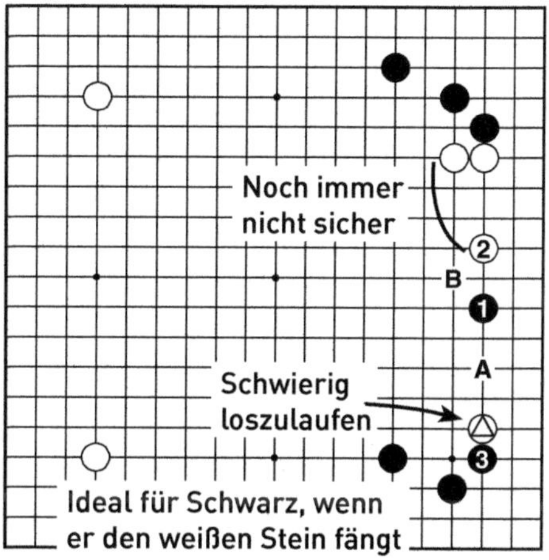

Schwarz 1 ist der kreative Klemmzug. Die Ausdehnung auf 2 ist üblich, danach ist das Kosumi unten ein harter Angriff. Da die weiße Gruppe oben noch nicht stabil ist, kann Weiß unten nicht loslaufen. Mit der Fortsetzung Weiß A und Schwarz B wird Weiß schwer und Schwarz ist im Vorteil.

12

Überraschender Zwei-Punkte-Sprung

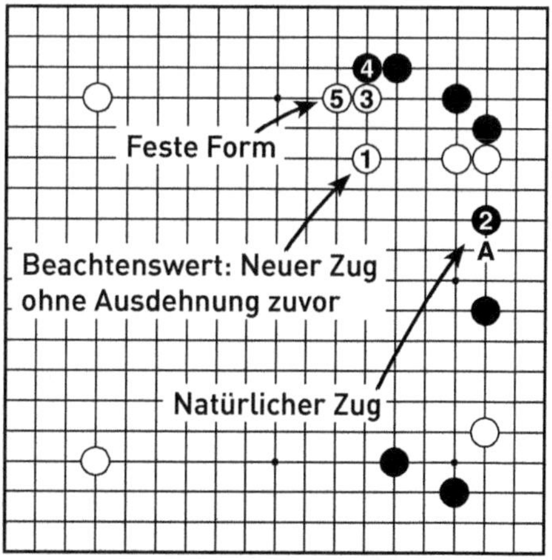

Obwohl die Ausdehnung A möglich ist, springt Weiß überraschend auf 1. Nimmt nun Schwarz die Ausdehnung am Rand, dann stärkt sich Weiß mit 3 und 5. Nun steht Weiß oben solider und kann auch unten flexibler spielen.

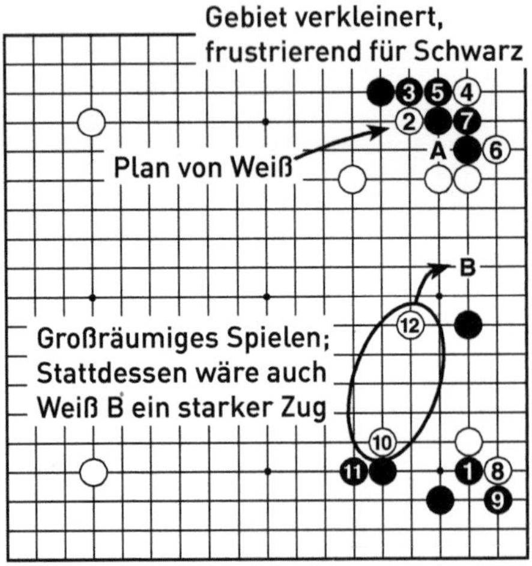

13

Kikashi von Weiß funktioniert

Greift Schwarz mit 1 an, dann spielt Weiß die Vorhände 2 und 4. Schwarz A statt 5 ist gefährlich, denn Weiß schneidet auf 5. Das Verbinden ist daher richtig, doch Weiß bekommt noch 6, denn Schwarz muss auf 7 nachgeben. Das Ergebnis ist ausreichend für Weiß.

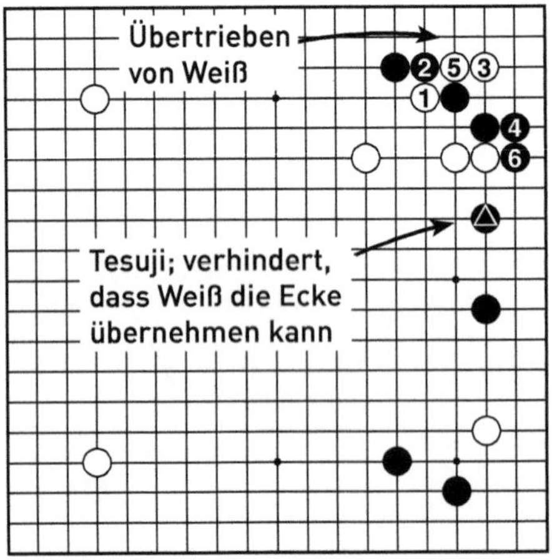

14

Bedeutung der Ausdehnung von Schwarz

Die markierte Ausdehnung verhindert, dass Weiß 1 funktioniert. Weiß 3 scheitert an Schwarz 4 und 6. Nun hat Weiß weder gute Form noch eine Fortsetzung. Der markierte schwarze Stein verhindert eine Basis für Weiß und stärkt zugleich die Ecke.

15

Die Partie 1

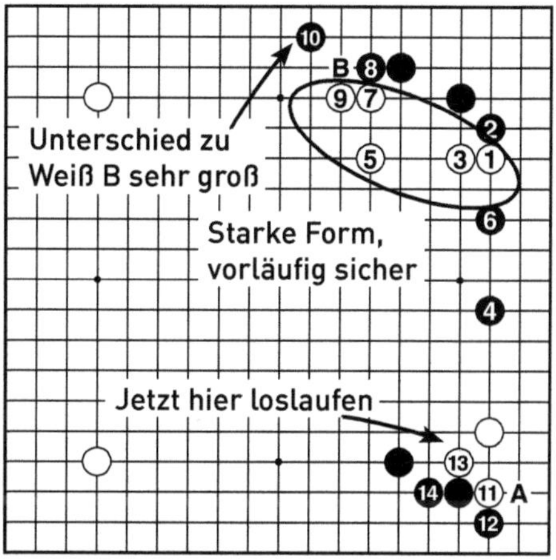

Schwarz 10 ist ein großer Zug, danach spielte Weiß mit 11 ein Kikashi in der Ecke. Was passiert, wenn Schwarz statt 14 auf A spielt und Weiß auf 14, sieht man in Diagramm 3. Die Steine 4 und 6 stehen dafür jedoch nicht günstig, deshalb ist es für Weiß in diesem Fall spielbar.

16

Die Partie 2

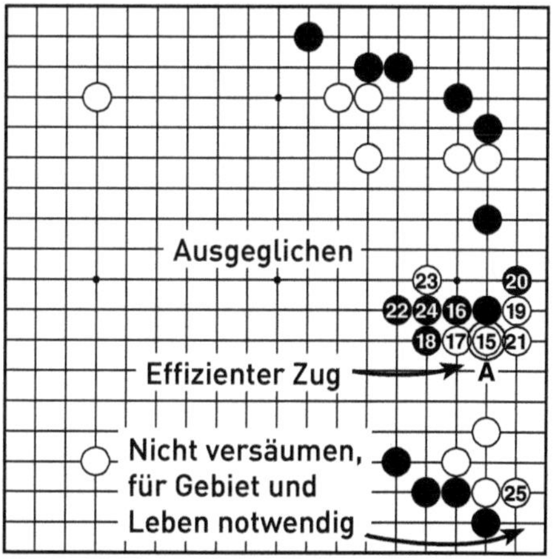

Weiß 15 sieht ungewöhnlich aus, doch damit verhinderte Weiß eine Ausdehnung von Schwarz auf A. Es gibt viele ähnliche Fortsetzungen wie diese bis Weiß 25. Diese Form ist bereits gut analysiert.

Die Partie

Züge nach 50 weggelassen.
Weiß gewinnt durch Aufgabe.

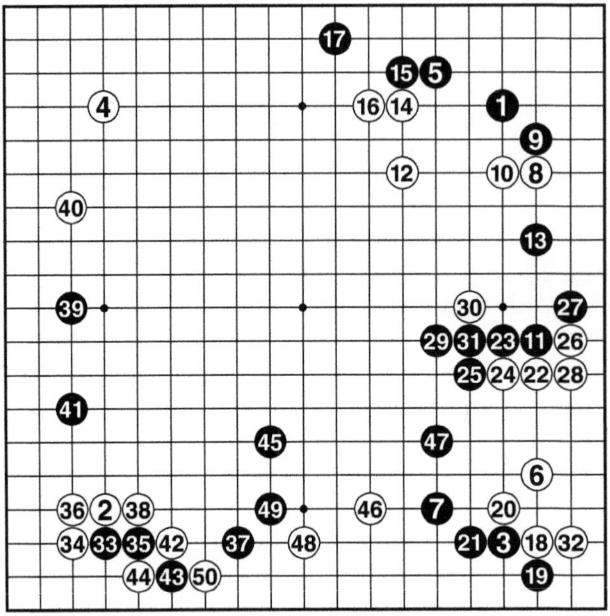

In der nächsten Partie trafen die beiden Top-Profis aus Korea und China aufeinander: Park Junghwan 9p und Ke Jie 9p. Die Begegnung wurde anlässlich der IMSA Elite Mind Games ausgetragen.

Partie 9

Park Junghwan war bereits in der Grundschule ein Go-Genie. Im Alter von 13 Jahren wurde er Profi.

(1 – 20)

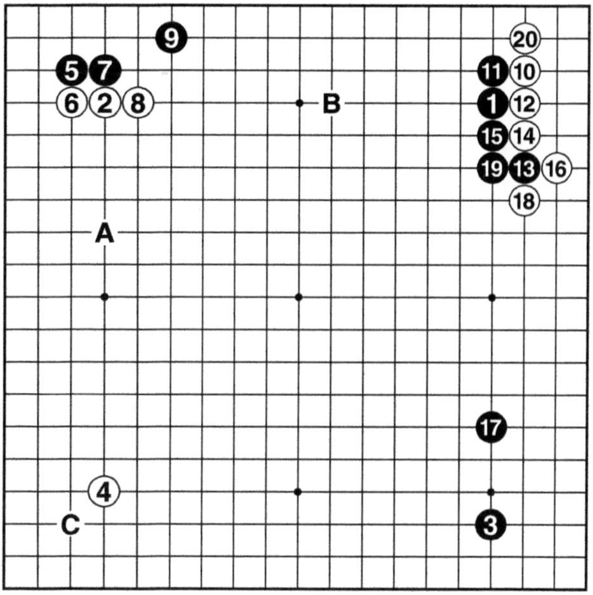

Schwarz am Zug

Das Thema in diesem Kapitel lautet „Nach der 3-3-Invasion". Links oben und auch rechts oben wurde bereits eine 3-3-Invasion gespielt. Können diese als abgeschlossen betrachtet werden? Man möchte jetzt schnell zu einem großen Punkt eilen, wenn nichts Dringendes mehr Vorrang hat.

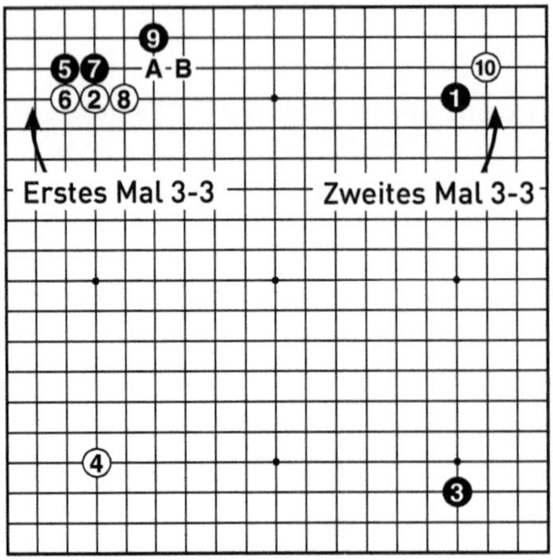

1

Partieverlauf 1

Schwarz spielt mit 5 zügig die erste 3-3-Invasion. Statt Weiß auf A und Schwarz 9 wählt Weiß hier das Strecken 8 und nimmt so Vorhand für die zweite 3-3-Invasion.

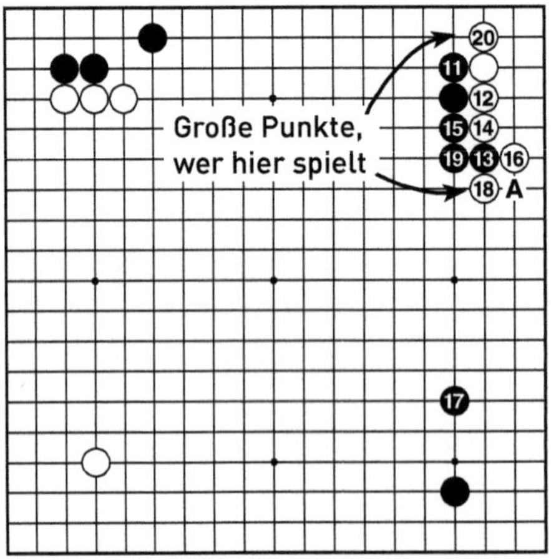

2

Partieverlauf 2

Schwarz spielt mit 13 das Keima. Setzt Weiß statt 14 auf 16 fort, dann greift Schwarz hart an und es folgen Schwarz A, Weiß 14 und Schwarz 19. Schwarz besetzt hier mit 17 einen großen Punkt und Weiß nimmt mit 18 und 20 großzügig Gebiet.

3

Mögliche Fortsetzung für Schwarz

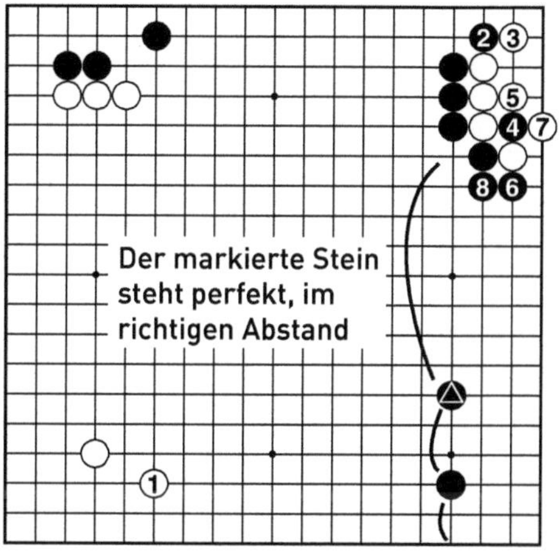

Wenn Weiß statt 18 im vorherigen Diagramm Tenuki spielt, dann wird Schwarz dies ohne zu zögern mit 2 und 4 ausnutzen. Spielt Weiß nachgiebig die Abfolge bis 7 mit, dann erhält Schwarz auf der rechten Seite eine gute Form und ist zufrieden.

4

B

Keine Eile

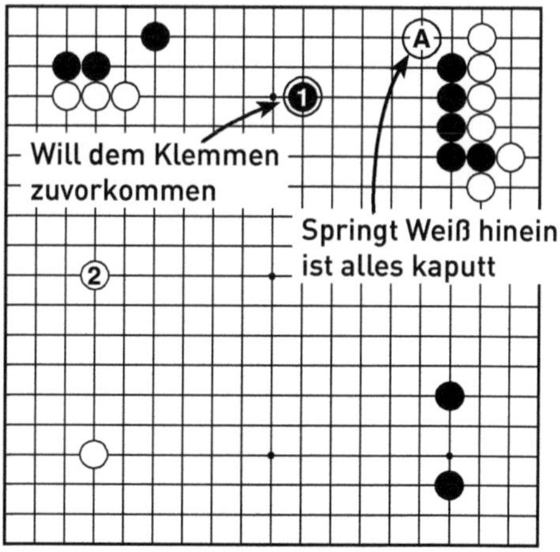

Die Ausdehnung auf 1 ist kein dringender Zug. Weiß kann noch immer auf A hineinspringen. Das Gebiet wird daher nicht groß, selbst wenn Schwarz es umschließen könnte.

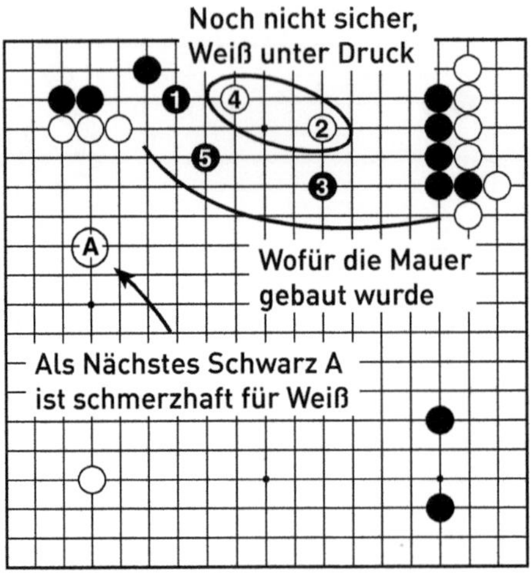

5

Klemmzug ist willkommen

Möchte Schwarz am oberen Rand spielen, so ist 1 ein angemessener Zug. Greift Weiß nun mit 2 an, dann kontert Schwarz mit 3 von oben. Statt 2 sollte Weiß auf A eine Ausdehnung am linken Rand spielen.

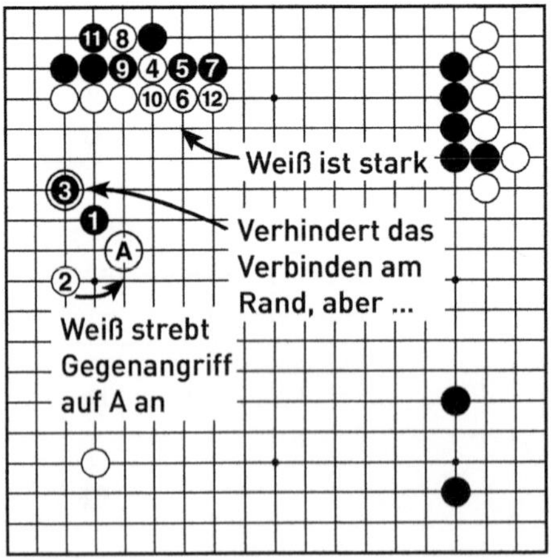

6

A

Schwarz greift hier mit 1 an, was jedoch nicht in der Partie gewählt wurde. Der Zug ist in dieser Lage aber denkbar. Weiß kontert mit dem Gegenangriff 2. Schwarz spielt 3, um das Verbinden zu verhindern. Das ist aber übertrieben. Weiß stärkt sich mit 4 bis 12 und kann nicht mehr so leicht angegriffen werden.

7

Ausgeglichen

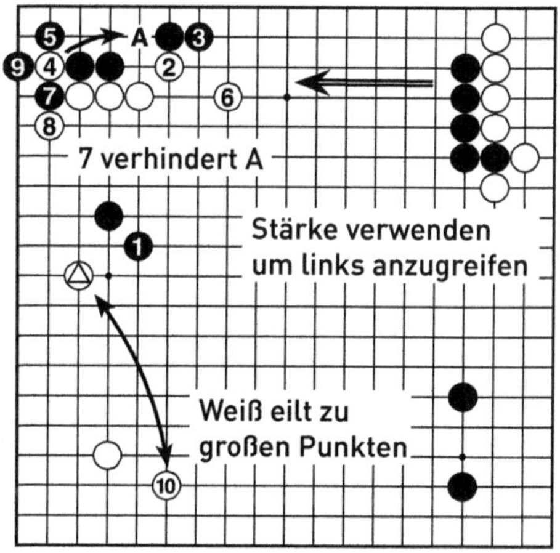

Das Kosumi 1 ist eine gute Antwort auf den markierten Stein. Ebenso Schwarz 3 nach Weiß 2. Weiß 10 ist gut für eine schnelle Entwicklung, doch die weiße Gruppe oben ist noch nicht sicher. Schwarz kann diese Gruppe eventuell angreifen, somit steht es noch ausgeglichen.

8

Sofort Hane
ist nicht gut

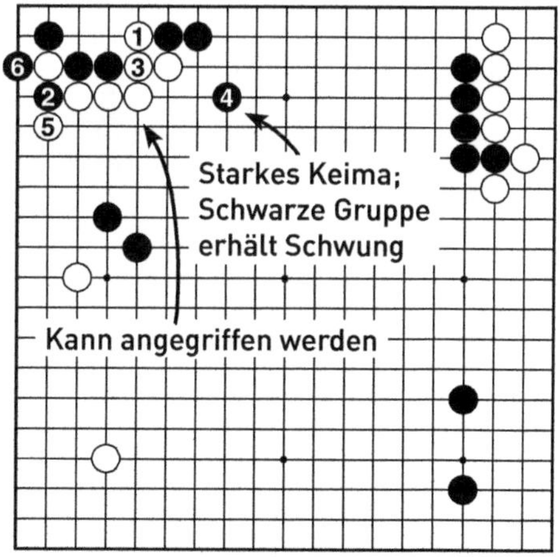

Möchte Weiß das Hane spielen, sollte er dies nicht sofort tun. Schwarz 4 ist die perfekte Antwort. Weiß trennt zwar mit 3, aber die Form der weißen Gruppe wird dadurch etwas schwerfällig.

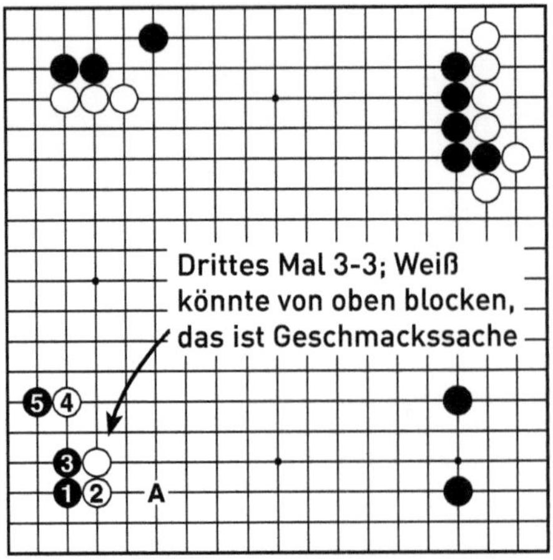

9

C

Richtig

Die Zugfolgen rechts und links oben sind vorläufig abgeschlossen. Schwarz hat nun mit 1 auf dem dritten 3-3-Punkt gespielt. Möchte man links unten fortsetzen, so sind neben 3-3 auch A und 4 gute Züge.

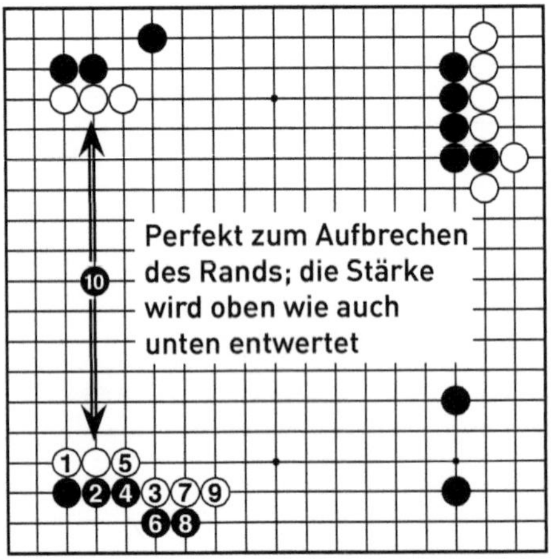

10

Blocken auf der anderen Seite

Weiß kann mit 1 auch auf dieser Seite blocken. Wenn Weiß nach Schwarz 6 auf 7 streckt, dann nimmt Schwarz mit 10 den perfekten Punkt. Es ist nicht gesagt, dass dies gut für Schwarz wäre, doch für Weiß ist es durchaus unbefriedigend.

11

Moyo vs. Moyo

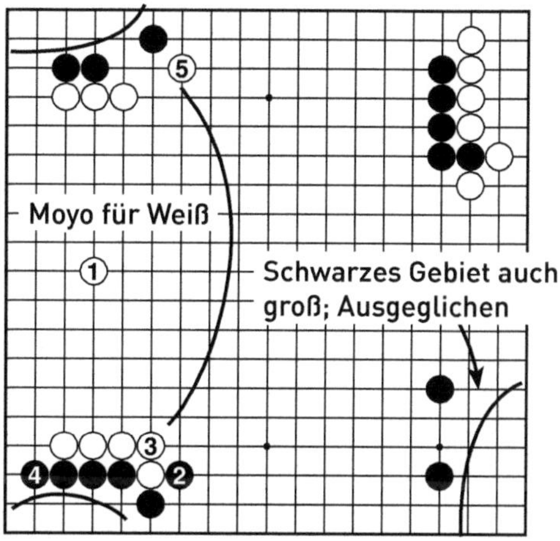

Spielt Weiß auf 1, um die beiden Mauern miteinander zu verbinden, so entsteht ein schönes Moyo. Diese Entwicklung ist natürlicher für Weiß als das vorherige Diagramm. Die Partie ist ausgeglichen.

12

Wahl des Joseki fragwürdig

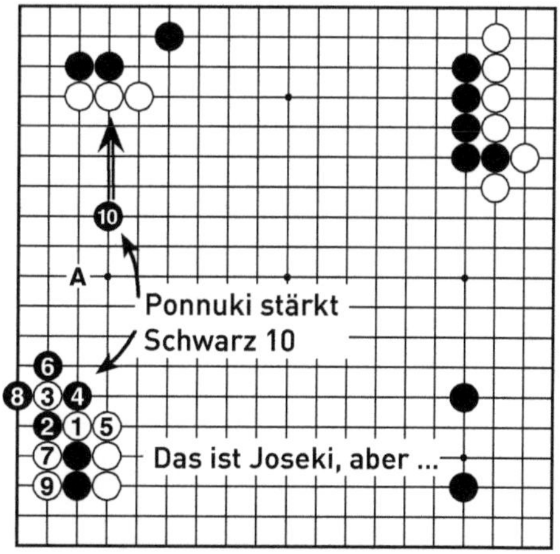

Die Joseki-Variante, in der Weiß zwei Steine fängt ist lokal ausgeglichen, doch Schwarz kann mit 10 klemmen. Da nun links unten ein Ponnuki steht, kann Weiß nicht mehr auf A zum Gegenangriff ausholen.

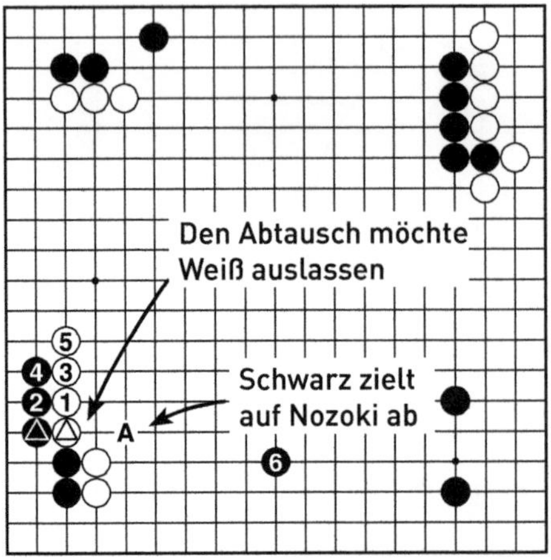

13

Feine Unterschiede

Streckt Weiß auf 1, so gleicht das dem Verlauf der Partie. Zu diesem Zeitpunkt hat Weiß bereits den markierten Stein gespielt. Es ist schwer zu verstehen, aber die KI empfiehlt, dass Weiß diesen Zug nicht spielen soll.

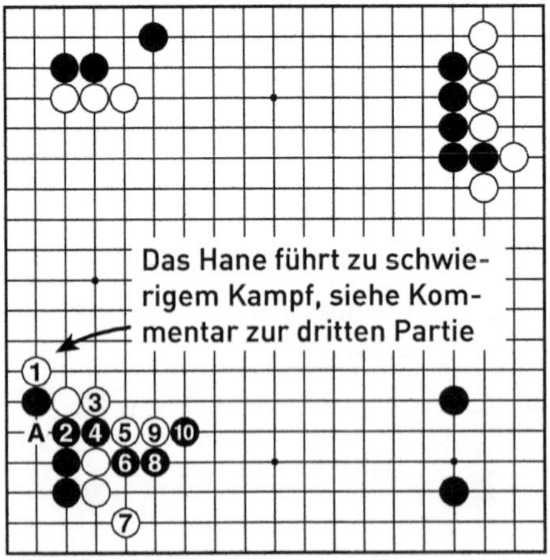

14

Komplizierte Variante

Als Fortsetzung von Diagramm 9 ist das Blocken mit 1 ein ambitionierter Zug. Statt 2 kann Schwarz auch auf A spielen. Wenn Schwarz mit 2 Gegenwehr leistet, dann entsteht ein komplizierter Kampf.

15

Die Partie 1

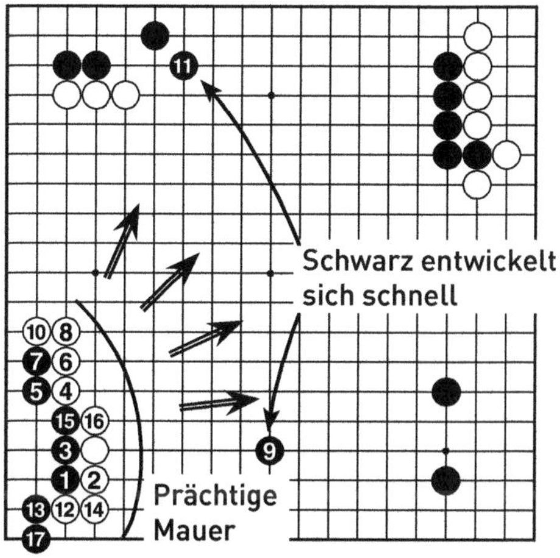

Links unten wurde ein einfaches Joseki gespielt. Weiß schloss die Ecke mit 10, 12 und 14 ein. Schwarz antwortete auf 15. Weiß erhielt Stärke, aber Schwarz entwickelte sich schnell.

16

Die Partie 2

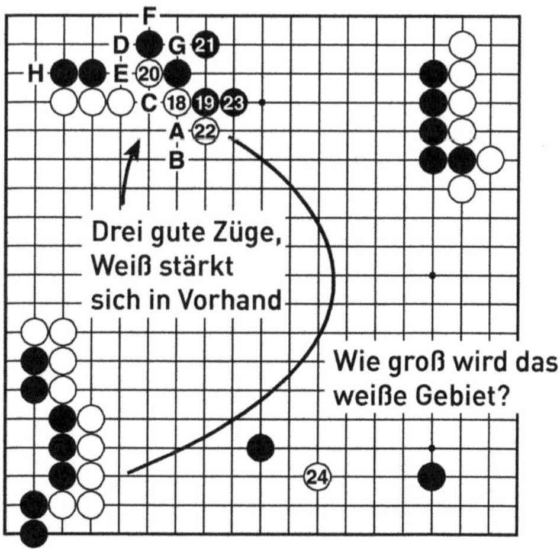

Weiß 18 bis 22 ist eine Fortsetzung, die an das Joseki anschließt. Es schadet nicht, sie sich zu merken. Schneidet Schwarz danach auf A, dann opfert Weiß einen Stein mit B. Spielt er statt 23 auf A, dann verbindet Weiß auf C. Folgt nun Schwarz 23, dann hat Weiß die gute Abfolge D bis H. Daher ist Schwarz A nicht wirklich spielbar.

Die Partie

Züge nach 50 weggelassen.
Weiß gewinnt durch Aufgabe.

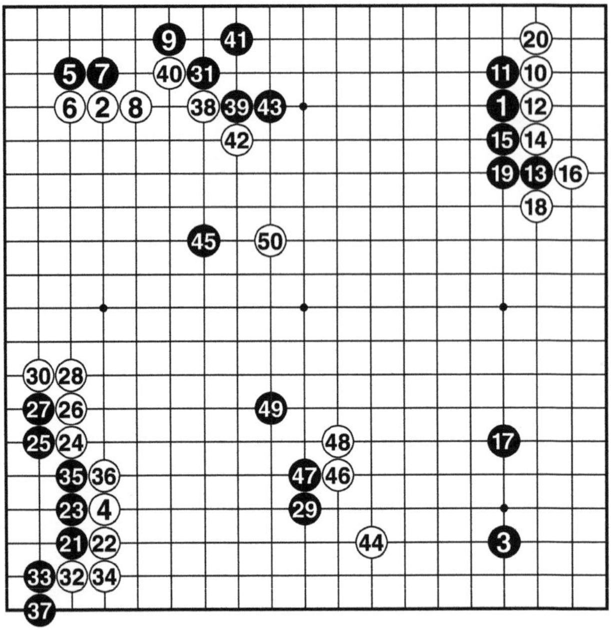

Die nächste Partie ist ein Spiel zwischen zwei Schwergewichten der japanischen Go-Welt: Takao Shinji 9p und Kono Rin 9p.

Kolumne 3

Partieaufzeichnungen am Brett genießen

In diesem Buch wird die Spielweise der KI in Eröffnungen von Partien detailliert erklärt. Vorgestellt werden Partieverläufe von der Eröffnung bis zum Beginn des Mittelspiels. Diese sind auch für Spieler interessant, denen es schwerfällt, professionelle Go-Partien zu verstehen. Das Buch ist so strukturiert, dass auch solche Spieler ein Verständnis dieser neuen Taktiken erlangen.

Für dieses Buch habe ich Partieaufzeichnungen der besten Spieler der Welt, wie zum Beispiel Iyama Yuta (Japan), Ke Jie (China) und Park Junghwan (Korea) ausgewählt, aber auch Partien von anderen bezaubernden Go-Spielern.

Natürlich können Sie das Buch einfach nur lesen, aber ich empfehle Ihnen, die Spiele und die Varianten auch auf einem Go-Brett auszulegen. Während meiner Ausbildung zum Profi-Spieler, ich studierte in der Go-Schule Ryokusei Gakuen (緑星学園), waren die beiden wichtigsten Trainingseinheiten das Spielen von Partien und das Nachlegen von Partien. Außerdem habe ich Go-Bücher über Tsumego und die Eröffnung gelesen. Partien spielen und Go-Bücher lesen mochte ich sehr. Ich war jedoch nicht gut darin, die Partien nachzulegen. Da ich oft die nächste Zugnummer auf einem Kifu nicht finden konnte, dauerte es sehr lange, bis eine Partie auf dem Brett ausgelegt war. Das war sehr mühsam.

Zu Anfang hatte ich große Mühe, mich auf diese Aufgabe einzustellen, aber nach und nach hatte ich den Kniff heraus, eine Partie schneller nachzulegen. Der Kniff bestand darin: Wenn ich den nächsten Zug nicht fand, dann habe ich einfach geraten, wo der nächste Zug gewesen sein könnte. „Vielleicht hier." Und da traf ich dann oft ganz unerwartet den richtigen!

Manchmal waren sogar meine vermuteten Züge besser als die Züge, die in den echten Partien gespielt worden waren. Ich bin daher überzeugt, dass mein Spielgefühl im Go sich durch das Nachlegen von Partieaufzeichnungen verfeinerte.

Im Gegensatz zu früher gibt es heute Computer, mit denen Sie Partieaufzeichnungen mühelos ansehen können, ohne nach dem nächsten Zug suchen zu müssen. Das Auslegen von Steinen auf einem Brett wirkt daher auf den ersten Blick irrational, aber es hatte einen positiven Effekt, wenn ich auf meine eigene Ausbildungszeit zurückblicke.

Partie 10

Mit einer KI-Technik beginnt links oben ein Kampf. Die Abfolge ist heute als Joseki anerkannt und wird in verschiedenen Situationen in Partien gespielt. Obwohl es die KI erst seit einigen Jahren gibt, werden ihre Techniken bereits von Menschen eingesetzt.

(1 – 19)

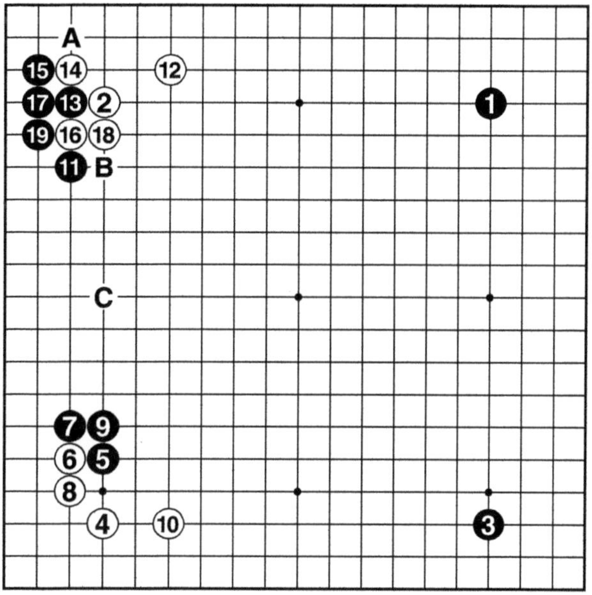

Weiß am Zug

Schwarz spielte mit 13 und 15 eine Variante, die aktuell im Trend liegt. Die Abfolge bis 19 wird sehr häufig gespielt. Nun kann Weiß zwischen zwei Fortsetzungen wählen.

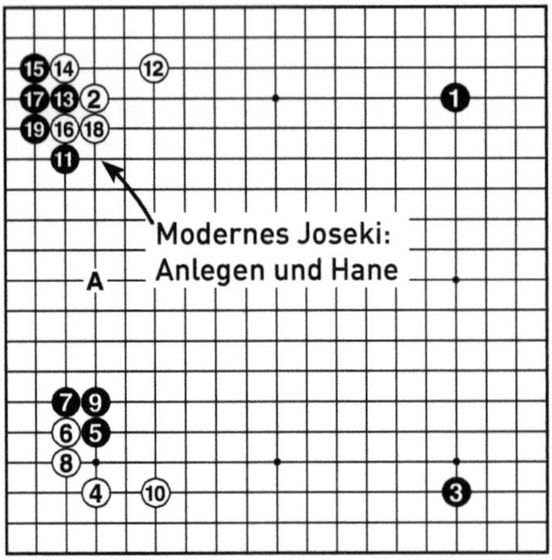

1

Partieverlauf

Es war bisher üblich mit Schwarz 13 auf A zu spielen. Weiß 16 und 18 sind die Standardfortsetzung nach Schwarz 13 und 15. Aber es gibt auch andere Optionen.

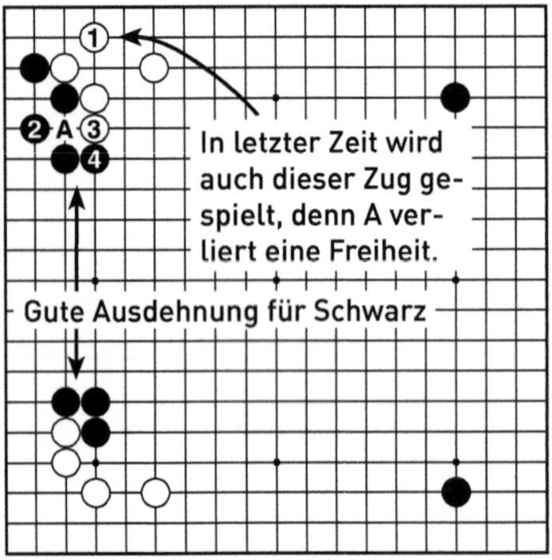

2

Tigerrachen

Statt Weiß 16 sieht man gelegentlich auch 1 hier. Die Last ist für Weiß gering, da er sich nicht die Freiheit auf A nimmt. Schwarz wird nach 2 und 3 auf 4 schieben, um die linke Seite auszubauen.

3

Weiß ist beschäftigt

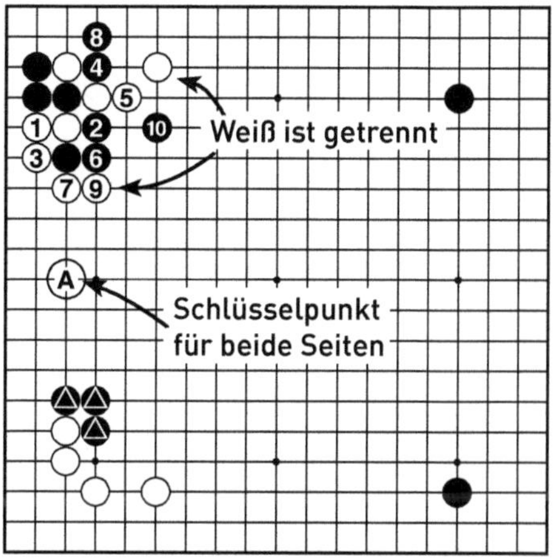

Weiß kann mit 1 weiter hineinstoßen, Schwarz wird mit den Zügen bis 10 kämpfen. Die entscheidene Frage ist, ob und wie Schwarz die drei markierten Steine einbringen kann. Wenn Weiß zu A kommt, dann können diese eventuell ebenso angegriffen werden. Doch Weiß hat noch eine schwache Gruppe am oberen Rand. Daher ist er beschäftigt.

4

A
Typische Spielweise

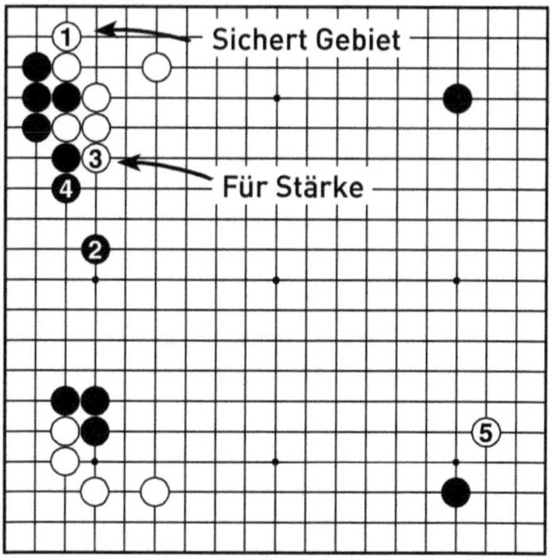

Das Strecken zum Rand wird oft gespielt und ist gut für sichere Punkte. Wenn Schwarz die Ausdehnung 2 spielt, dann drückt Weiß auf 3 und nimmt anschließend den großen Punkt 5. Mit dieser Entwicklung sollte Weiß zufrieden sein.

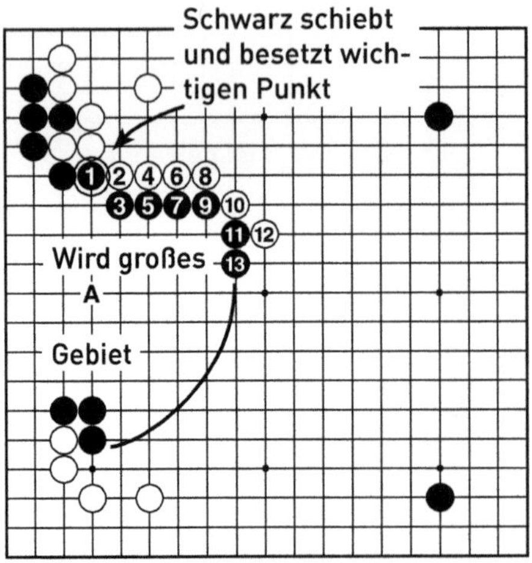

5

Schwarz möchte schieben

Für Schwarz ist es besser, auf 1 zu schieben und somit Druck auf die weiße Gruppe oben auszuüben. Gleichzeitig umschließt er die linke Seite. Für Weiß ist es unbefriedigend zu sehen, wie links Gebiet entsteht, ohne dass der Punkt A gespielt werden muss. Weiß sollte die Abfolge bis 13 vermeiden.

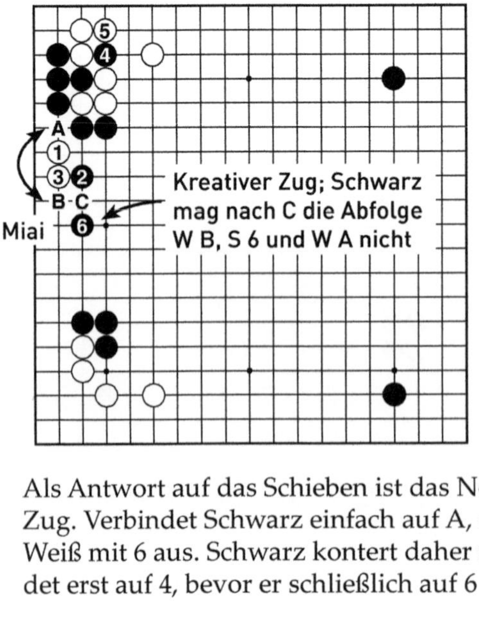

6

Weiß greift mit Nozoki an

Als Antwort auf das Schieben ist das Nozoki 1 ein starker Zug. Verbindet Schwarz einfach auf A, dann dehnt sich Weiß mit 6 aus. Schwarz kontert daher mit 2 und schneidet erst auf 4, bevor er schließlich auf 6 springt.

7

Ausgeglichenes Ergebnis

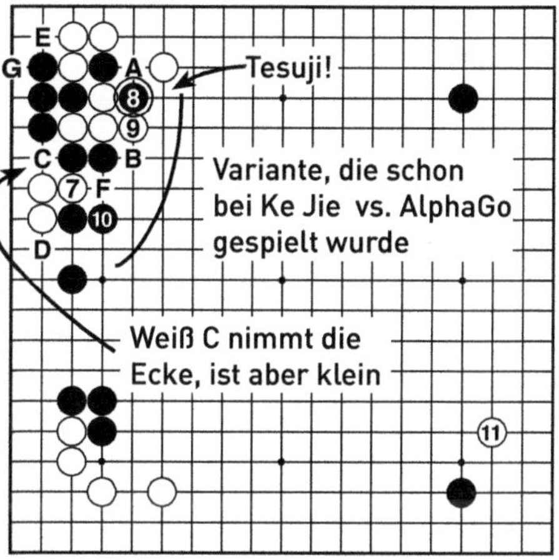

Versucht Weiß als Nächstes mit 7 herauszulaufen, dann hat Schwarz das Tesuji 8. Weiß A ist keine Option, denn Schwarz spielt 9. Also muss Weiß mit 9 loslaufen, was B zu einer Vorhand für Schwarz werden lässt. So streckt er auf 10. Weiß C bis G fangen die Ecke, aber das ist im Moment noch zu klein.

8

C

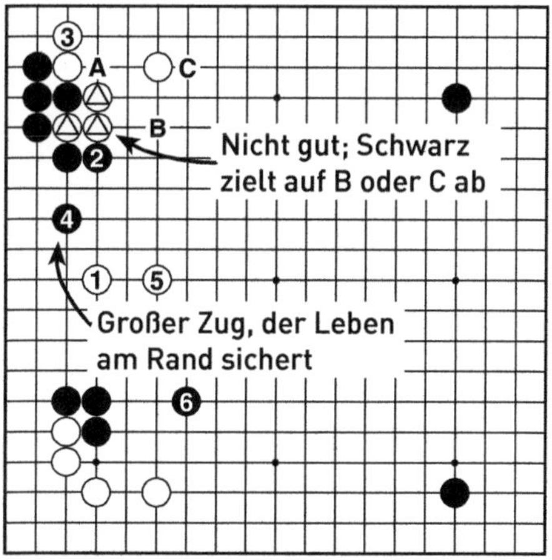

Als Antwort auf Weiß 1 schiebt Schwarz wieder auf 2. Als Nächstes wäre ein Schnitt auf A gefährlich, daher streckt Weiß auf 3. Der Verlauf der Partie hängt davon ab, wie sich der Kampf entwickelt. Möchte man nach 2 ohnehin auf 3 spielen, dann sollte man es besser gleich tun.

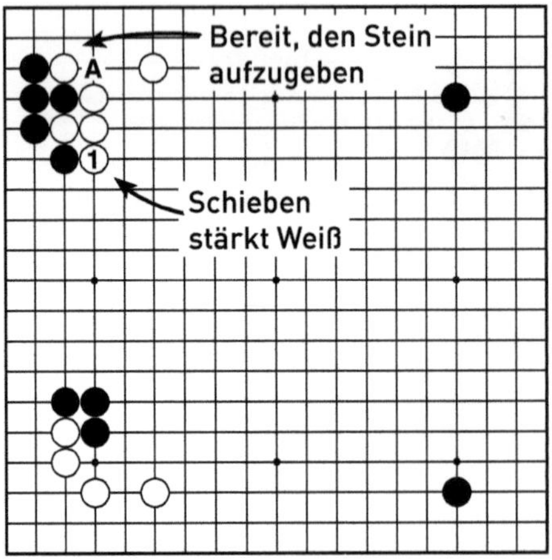

9

B
Richtig

Das Schieben 1 ist ein starker Zug. Wenn Schwarz selbst hier spielen kann, dann wird der Schnitt A zu einer Gefahr. Doch das ändert sich, wenn Weiß stärker wird.

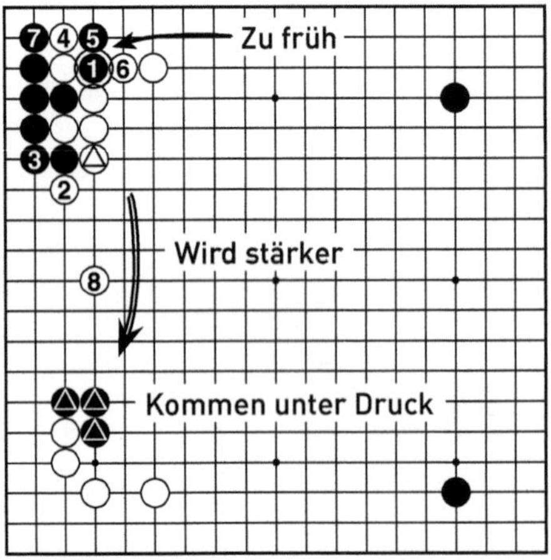

10

Schneiden
ist verfrüht

Schwarz kann auf 1 schneiden, aber nachdem der markierte Stein bereits gespielt wurde, ist dies nur für Gebiet relevant. Weiß wird mit der Zugfolge bis 8 außen stark und die markierten schwarzen Steine unten könnten angegriffen werden.

11

Schwarz in Schwierigkeiten

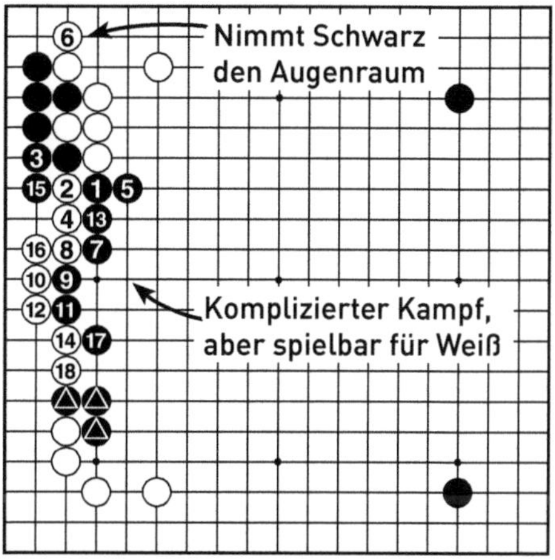

Spielt Schwarz das Hane 1, dann kontert Weiß mit 2 und 4. Weil die markierten Steine schon positioniert sind, erscheint der Kampf schwierig für Weiß, doch mit 6 kann er ein Semeai beginnen. Der Kampf ist gut für Weiß, denn Schwarz hat weniger Freiheiten.

12

Alternative für Weiß

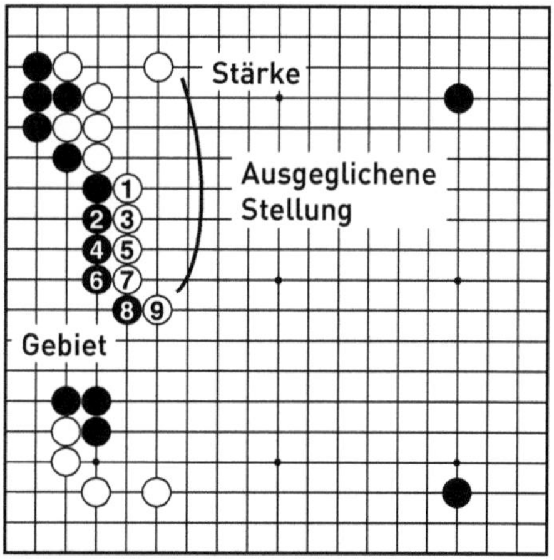

Diagramm 11 ist spielbar für Weiß, doch wenn man aufgrund der umliegenden Stellungen nicht gut kämpfen kann, dann ist Weiß 1 hier eine sichere Spielweise. Weiß gibt die linke Seite im Tausch für Stärke her.

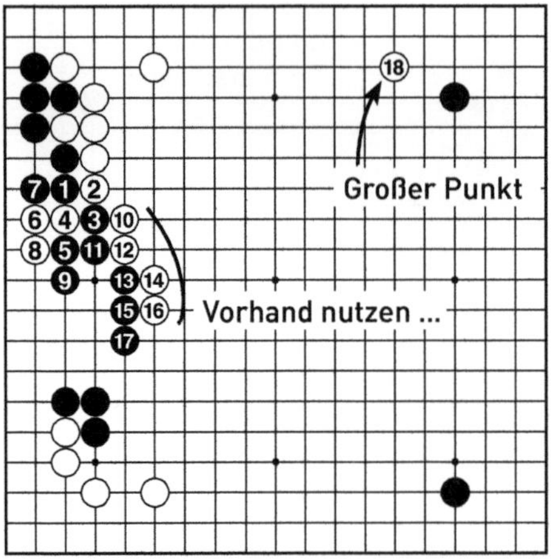

13

Geschicktes Opfern

Spielt Schwarz erst 1 und dann 3, so schneidet Weiß auf 4. Auf den ersten Blick sieht dies nicht spielbar aus, doch Weiß möchte geschickt opfern. Wenn Schwarz nun mit 5 Atari gibt, dann folgen Weiß 6 bis 16. Im Vergleich zum vorherigen Diagramm steht Weiß besser und ist zufrieden.

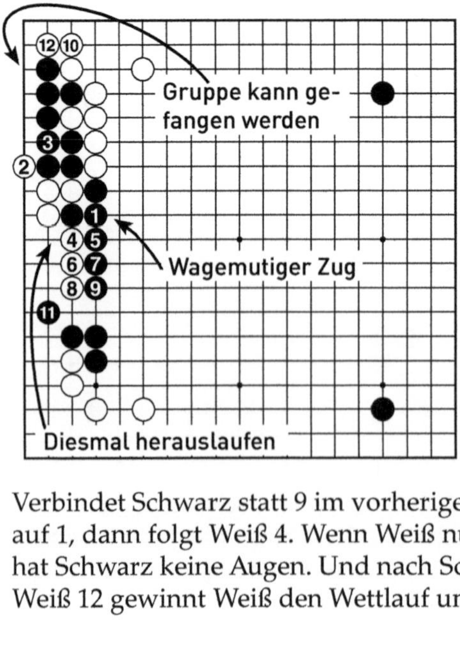

14

Verbinden und Kämpfen

Verbindet Schwarz statt 9 im vorherigen Diagramm auf 1, dann folgt Weiß 4. Wenn Weiß nun auf 10 streckt, hat Schwarz keine Augen. Und nach Schwarz 11 und Weiß 12 gewinnt Weiß den Wettlauf um Freiheiten.

15

Die Partie 1

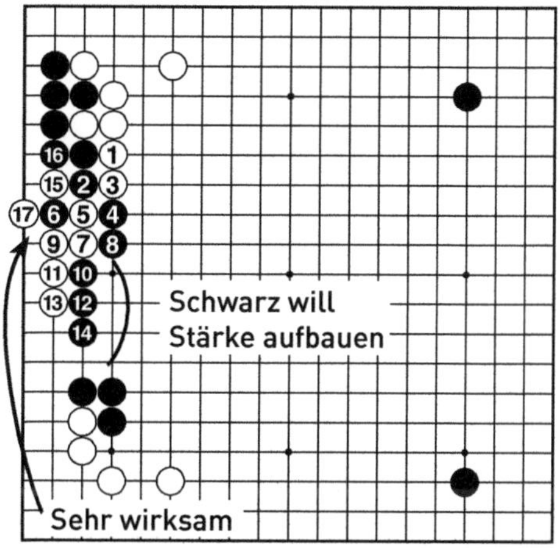

In der Partie hat Schwarz das Atari von unten gespielt und Weiß bog auf 9 um. Schwarz streckte mit 10 bis 14 und ließ Weiß leben. Nachdem Weiß mit 17 einen Stein geschlagen hatte, lebte er links sicher.

16

Die Partie 2

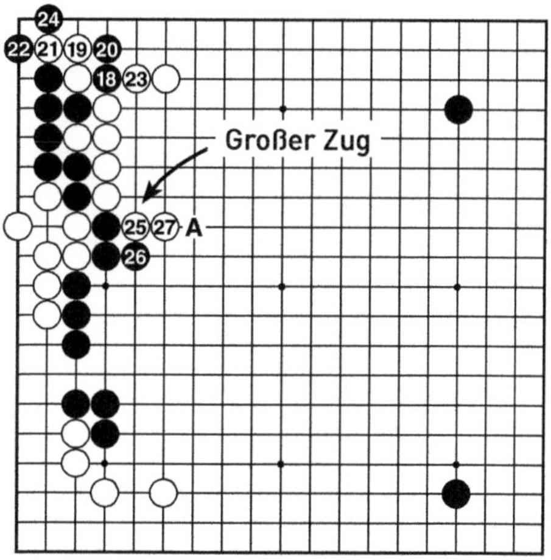

Als Nächstes ist Schwarz 18 ein dringender Zug, da Weiß nicht zuerst zu 19 kommen darf. Die Abfolge von Weiß 1 (Dia. 15) bis Schwarz 24 hier wird häufig in Partien gespielt. Weiß 25 ist groß und muss auch dringend gespielt werden, denn sonst spielt Schwarz auf 27 oder A.

Die Partie

Züge nach 55 weggelassen.
Weiß gewinnt durch Aufgabe.

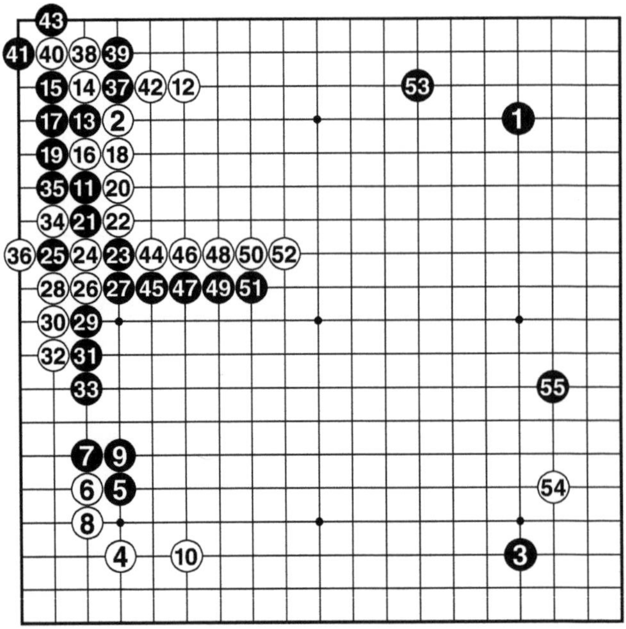

Die nächste Partie wurde aus dem Finale des Kisei-Titelturnieres ausgewählt, in dem Yamashita Keigo 9p und Iyama Yuta 9p aufeinandertrafen.

Partie 11

Viele können sich sicher an das heiße Finale des Kisei 2019 erinnern, bei dem der Sieger erst nach der siebten Partie feststand. Dies ist die fünfte Finalpartie, in der eine interessante Entwicklung auftrat, die mit einem KI-Zug begann.

(1 – 9)

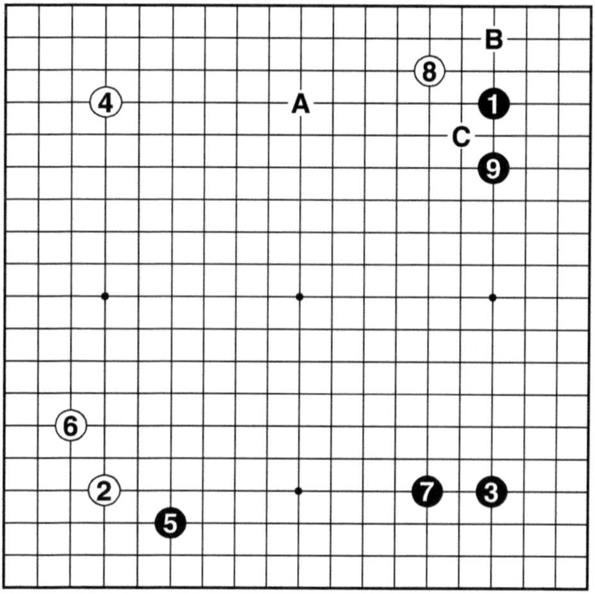

Weiß am Zug

Nach Weiß 8 und Schwarz 9 entstand diese Position. Hier spielte Weiß einen Zug im KI-Stil. Dieser Zug wäre früher nie in Betracht gekommen, doch heute scheint er fast schon selbstverständlich.

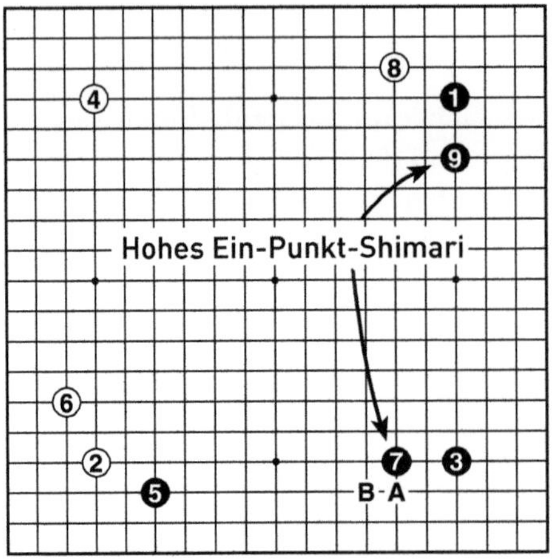

1

Partieverlauf

Schwarz eröffnet mit Nirensei, der Eröffnung auf zwei Hoshi-Punkten. Das hohe Shimari mit 7 ist etwas ungewöhnlich. Üblicher sind hier A und B.

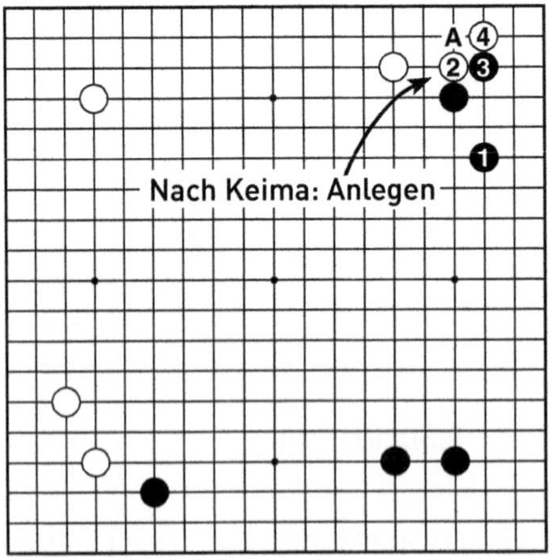

2

Referenz:
Nach Keima

Spielt Schwarz das Keima 1, dann antwortet die KI meist mit Weiß 2 und 4. Man kann auch das Gleiten auf A spielen, jedoch sieht man diesen Zug heute seltener als früher noch. Auf das hohe Shimari wählt man sehr wahrscheinlich den Zug, der auch in der Partie gespielt wurde.

3

A

Normaler Zug

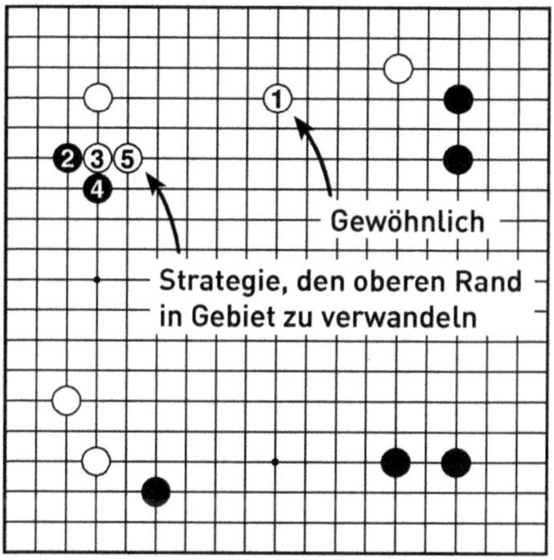

Die Ausdehnung 1 ist ein gewöhnlicher und zweifellos guter Zug. Nach Schwarz 2 entsprechen Weiß 3 und 5 dem KI-Stil, um in dieser Phase mitzuhalten.

4

B

Andere Möglichkeit

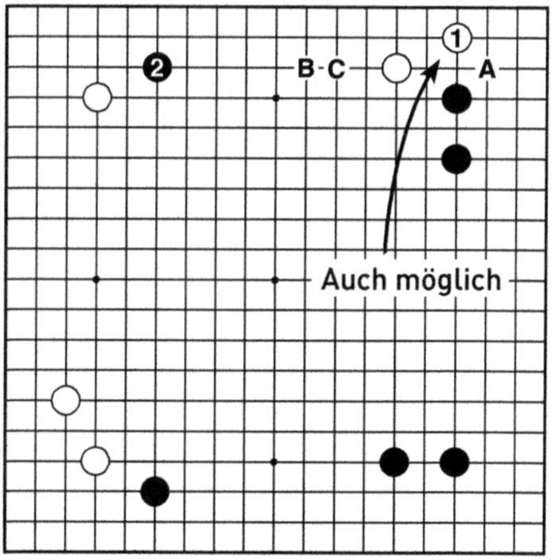

Weiß 1 ist Joseki. Antwortet Schwarz mit A und Weiß dehnt sich auf B aus, so ist das etwas unbefriedigend. Daher wählt Schwarz meist das Kakari 2 und zielt als Nächstes auf den Klemmzug C ab.

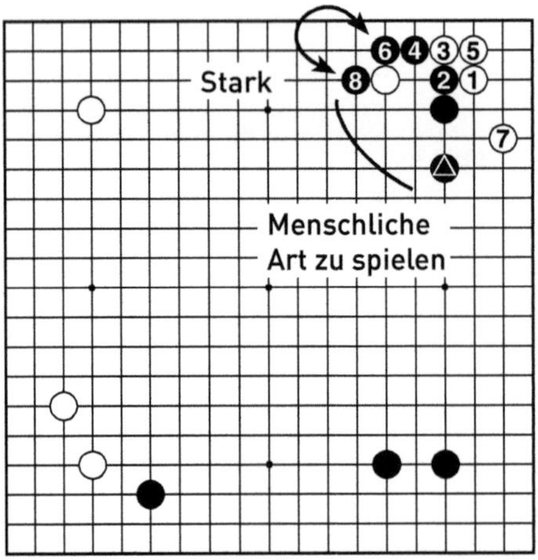

5

Sieht wie KI-Stil aus

Wenn der markierte Stein bereits liegt, dann wurde die 3-3-Invasion auch schon vor dem Aufkommen der KI gespielt. Die KI empfiehlt für Schwarz das Krauchen auf 6 und das Umbiegen mit 8 als Fortsetzung.

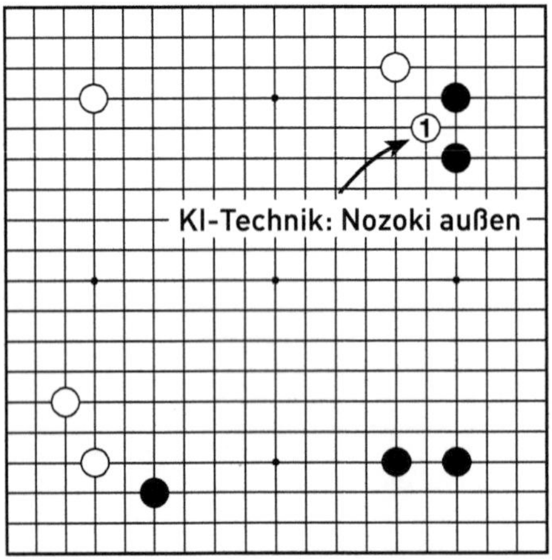

6

C

Richtig

Das Nozoki 1 ist eine überraschende KI-Spielweise. Vor dem Auftreten der KI wäre diese Spielweise nicht denkbar gewesen, doch heute ist dieser Zug in vielen Partien zu sehen. Für mich ist der Zug jetzt die erste Wahl.

7

Variante des Verbinden

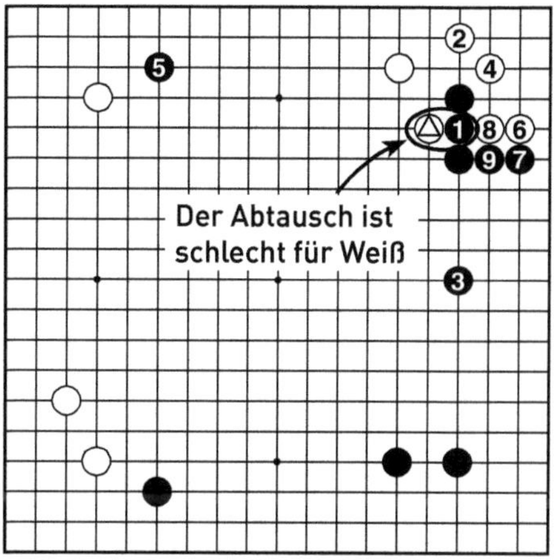

Das Verbinden auf 1 ist sicher. Weiß neigt dazu, sofort auf 2 zu springen. Dann auch auf 6 zu springen ist jedoch die falsche Richtung, denn dadurch wird der Abtausch des Nozoki für Schwarz 1 zu einer schlechten Kombination.

8

Das Beste aus dem Nozoki machen

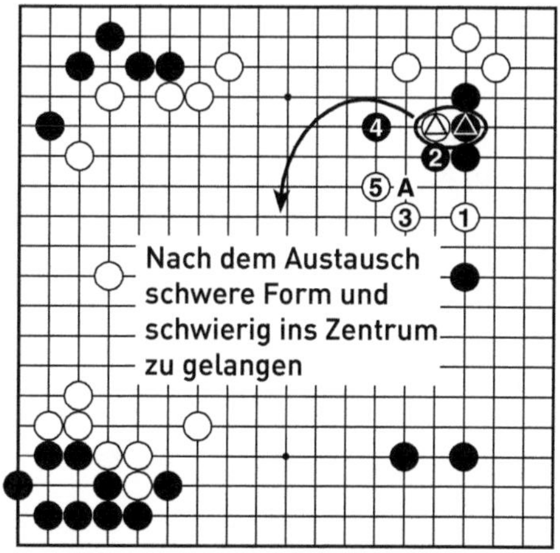

Ist die Stellung wie im Diagramm entstanden, dann ist es Zeit für Weiß, mit 1 anzugreifen. In solch einer Entwicklung macht der markierte Abtausch die schwarzen Steine schwerfällig. Um das Nozoki zu nutzen, lässt sich statt 1 auch das Zentrum mit 4 oder A effektiv ausbauen.

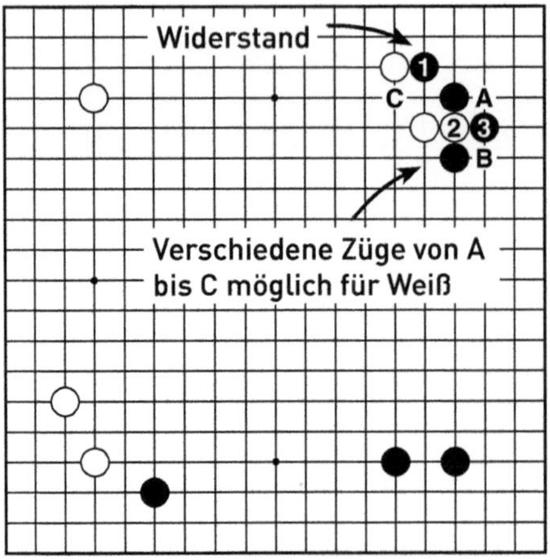

9

Konter mit Kontakt-Kosumi

Schwarz wählt häufig das Kontakt-Kosumi. Weiß bricht mit 2 durch und schneidet dann auf A oder B, um zu kämpfen, oder er spielt auf C, wenn er eine friedliche Aufteilung bevorzugt.

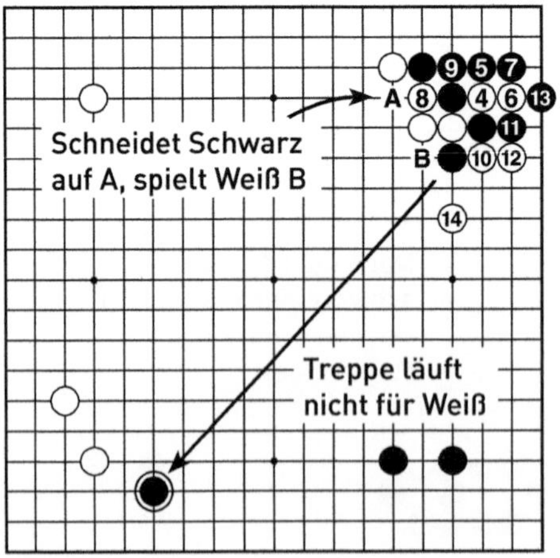

10

Schnitt auf der Innenseite

Schneidet Weiß auf der Innenseite und streckt auf 6, dann steht Schwarz vor der Wahl. Auf 7 zu blocken ist ein vernünftiger Zug. Weiß opfert zwei Steine und ist mit der Abfolge bis 14 nicht unzufrieden. Aber das Ergebnis ist ausgeglichen.

11

Komplizierte Variante

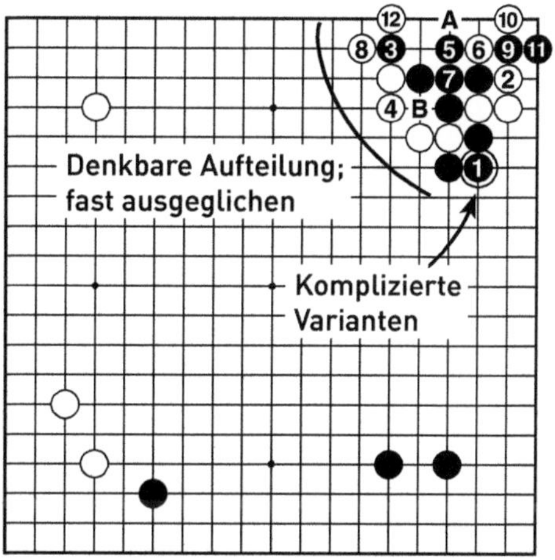

Ein starker Widerstand ist das Verbinden mit 1. Die Fortsetzung im Diagramm zeigt nur eine Möglichkeit, doch das Atari 10 sieht gut aus. Nach 12 gibt es Ko-Aji auf A. Mit noch einem Zug das Aji zu eliminieren wäre ärgerlich für Schwarz. Statt 7 kann er auch B spielen. Schwarz 1 führt so oder so zu verschiedenen komplizierten Varianten.

12

Schnitt auf der Außenseite

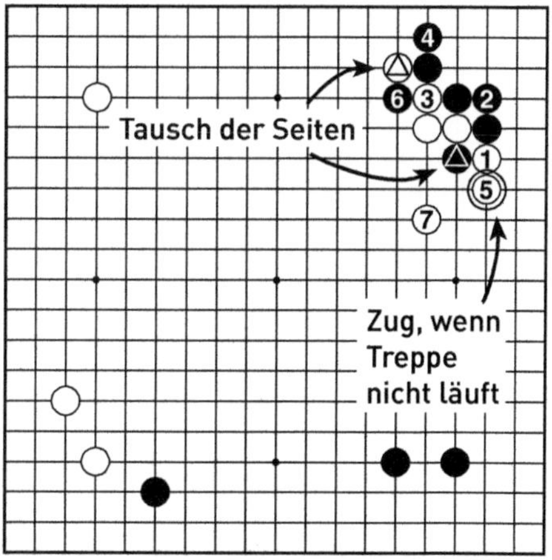

Der Schnitt außen wird normalerweise gewählt, wenn die Treppe läuft. Jedoch kann er auch gespielt werden, wenn die Treppe nicht läuft. Der markierte Stein wird geopfert und Weiß erhält eine solide Form.

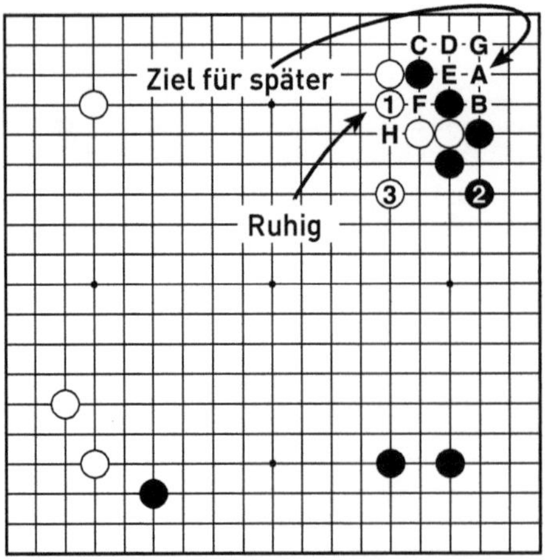

13

Strecken

Das Strecken mit 1 ist ein sicherer Weg und bringt kaum schwierige Varianten mit sich. Schwarz 2 ist die wagemutigere Antwort als B. Weiß springt mit 3 ins Zentrum. Es wäre zu früh mit Weiß 3 auf A zu gehen und die Abfolge bis H zu spielen. Schwarz würde gestärkt.

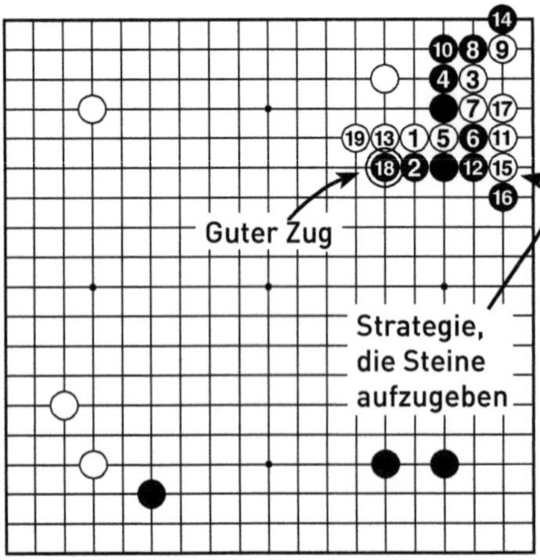

14

Die Partie 1

Das Schieben mit 2 ist ebenfalls eine starke Gegenwehr. Die Strategie von Weiß 3 ist, die weißen Steine in der Ecke aufzugeben und das Zentrum zu stärken. Schwarz 18 ist ein starker Zug und Weiß 19 unvermeidbar.

15

Gegenseite opfert

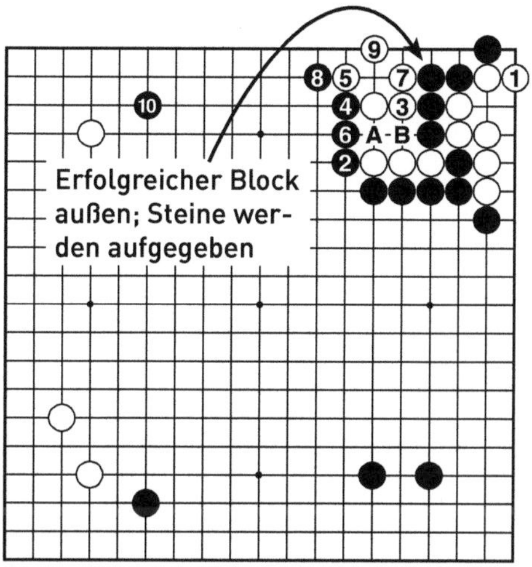

Spielt Weiß statt 19 im vorherigen Diagramm auf 1, dann fängt er die Ecke. Schwarz hingegen opfert nun seine Steine für Stärke außen. Das sieht für Weiß nicht gut aus. Spielt Weiß auf 6 statt 3, dann folgt Schwarz A, Weiß B und Schwarz 3. Dies ist ein harter Kampf für Weiß.

16

Die Partie 2

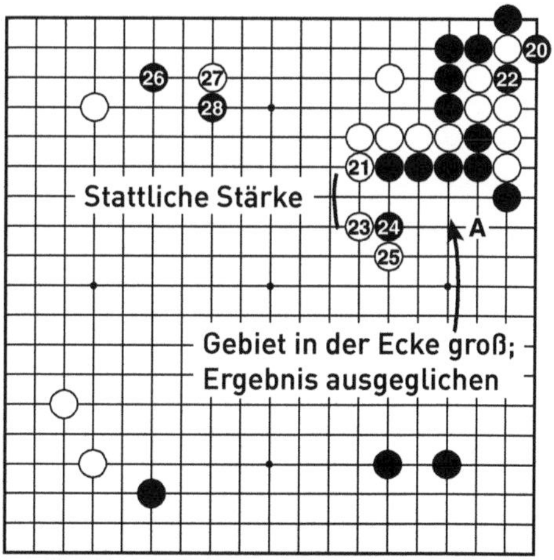

Das Umbiegen 21 ist ein sehr guter Zug. Schwarz nahm zwar das Gebiet in der Ecke, aber die weiße Form ist nach dem Sprung 23 auch gut. Das Ergebnis ist ausgeglichen. Schwarz 24 auf A wäre sicherer, doch in der Partie spielte er den Anleger und verlegte mit 26 den Kampf in eine andere Region.

Die Partie

Züge nach 53 weggelassen.
Schwarz gewinnt mit 6,5 Punkten.

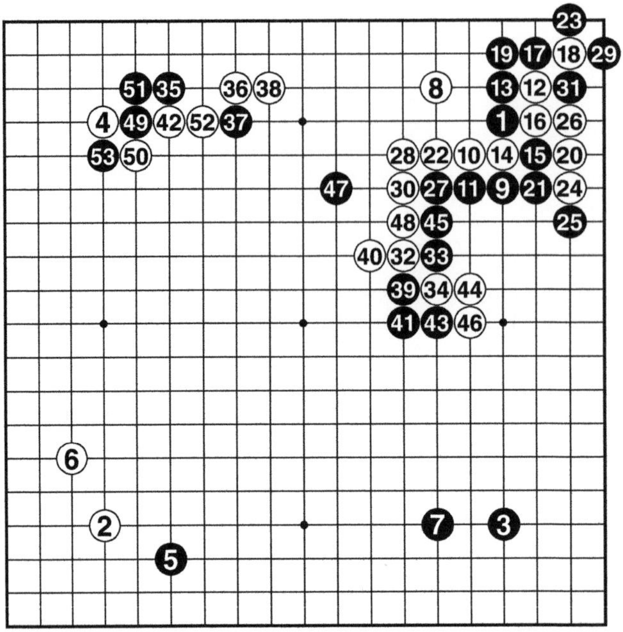

Die nächste Partie zeigt noch einmal eine Begegnung der zwei Top-Spieler aus China und Korea: Ke Jie 9p und Park Junghwan 9p.

Kolumne 4

Aktuelle KI gegen zukünftige Spieler

Bis vor einiger Zeit wurde gesagt, dass die KI im Go noch mehrere Jahrzehnte bräuchte, um Menschen zu schlagen. Dann jedoch wurde AlphaGo entwickelt und menschliche Spieler wurden in sehr kurzer Zeit überholt.

Ich denke, es ist für den Menschen nun unmöglich, die KI wieder zu überholen. Die KI braucht nur einen kleinen Moment, um Punkte auf dem Brett zu berechnen, während normale Menschen dafür viel Bedenkzeit benötigen.

Die KI wird immer wieder stärker, indem sie eine für Menschen unmögliche Menge an Partien, mehrere Millionen Stück, gegen sich selbst wiederholt spielt. Daher denke ich, dass der Mensch gegen eine KI, die sich weiterentwickelt, nur dann gewinnen wird, wenn dies zufällig geschieht.

Jedoch halte ich es für denkbar, dass zukünftige Spieler das Potenzial haben werden, die aktuelle KI zu schlagen. In den letzten Jahren wurde die Spielweise in der Eröffnung aufgrund des Auftretens der KI untersucht. Und sie hat sich in dieser Zeit enorm verändert. Der Mensch sollte in der Eröffnungsphase ziemlich stark geworden sein (zumindest kann er so spielen, wie die KI es als gut bewertet).

Was würde passieren, wenn der zukünftig stärkste Go-Spieler, der durch das Studium mit einer fortgeschrittenen KI der Zukunft stärker geworden ist, gegen die KI von heute antritt?

Das sollte eine interessante Partie werden.

Starke Go-Spieler machen keine Fehler im Endspiel, daher denke ich, dass zukünftige Spieler eine Chance hätten, gegen die KI von heute zu gewinnen, wenn sie den neuesten KI-Stil anwenden würden.

Was würde dann passieren, wenn ein Top-Spieler gegen das damalige AlphaGo antritt, das gegen Lee Sedol gespielt hat? Lee Sedol hat damals gegen AlphaGo 1:4 verloren, aber über die Partie, in der Lee Sedol mit einem historisch ausgezeichneten Zug einen Sieg geholt hat, wird in den nächsten Jahrhunderten weiter geredet werden. Ich bin überzeugt, dass dies bestimmt eine ausgezeichnete Partie geben würde, die viele Fans und Go-Spieler begeistert. Ich würde mich freuen, wenn eine solche Partie zustande käme.

Partie 12

Die Partie begann wieder mit einer KI-Technik und entwickelte sich zu einer großflächigen Schlacht. Es scheint eine zunehmende Tendenz im aktuellen Go zu geben, dass lokale Kämpfe sich verstärkt über das gesamte Brett ausbreiten.

(1 – 9)

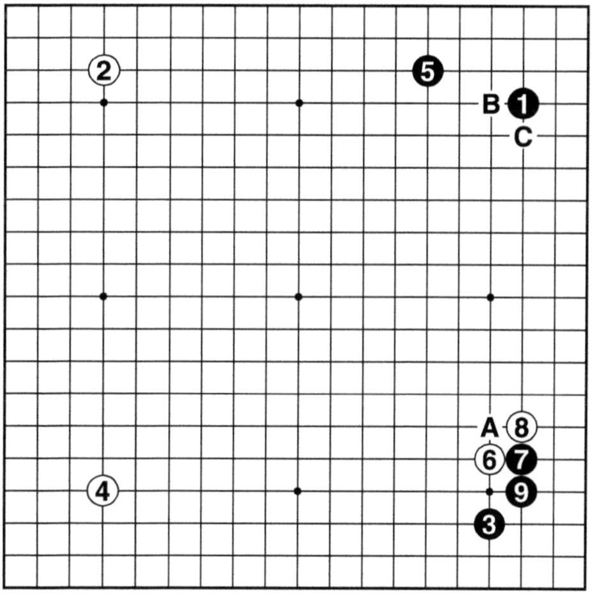

Weiß am Zug

Weiß widmete sich zuerst mit 6 und 8 der Ecke rechts unten. Danach ist die Frage, wie er am rechten Rand fortsetzen sollte? Obwohl in dieser Situation durchaus ein Joseki-Zug gewählt werden kann, kam in der Partie eine etwas effizientere Spielweise zum Einsatz.

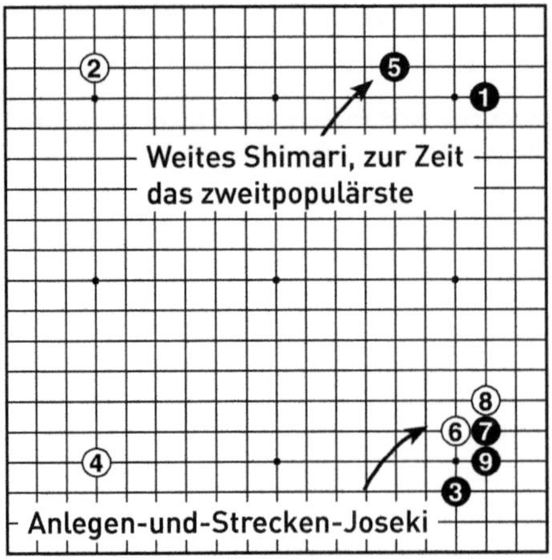

1

Partieverlauf

Statt Schwarz 5 wird in letzter Zeit oft das hohe weite Shimari gespielt, aber auch das niedrige weite Shimari sieht man häufig. Das hohe Shimari wird ebenfalls noch gespielt, aber das einfache Shimari hat stark abgenommen.

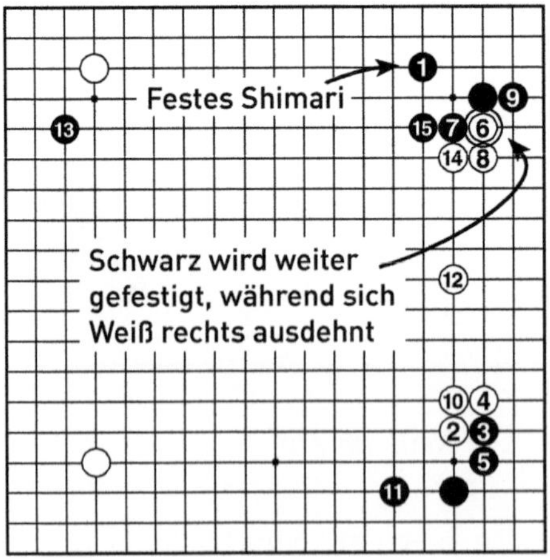

2

Schwäche des einfachen Shimari

Das einfache Shimari ist eine sehr feste Form. Weiß möchte mit 6 diese Form weiter festigen und die Effizienz von Schwarz reduzieren. Das einfache Shimari macht leicht Gebiet, hat aber auch Schwächen.

3

C

Das ist kein Kikashi

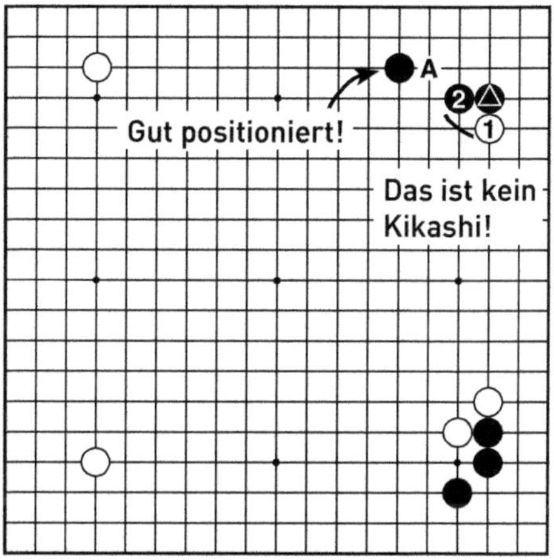

Das Anlegen mit 1 am weiten Shimari ist plump, denn Schwarz antwortet mit 2. Beim einfachen Shimari A wäre das Ergebnis gut. Hätte Schwarz hier ein Hoshi-Shimari und Weiß spielt 1, dann antwortet Schwarz mit dem markierten Stein und es wird deutlich, wie schlecht der Abtausch ist.

4

A

Joseki

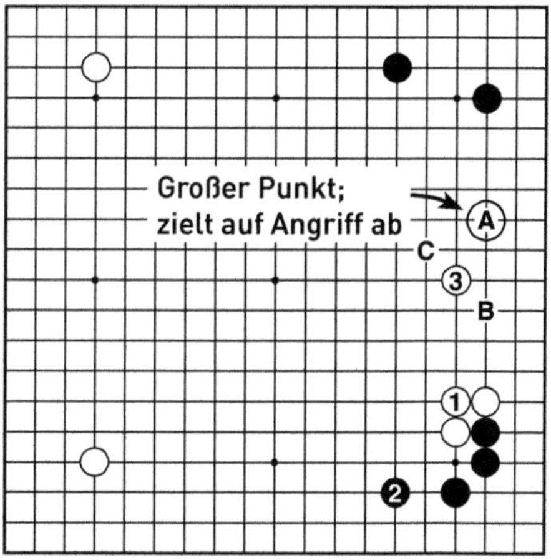

Weiß 1 und 3 sind Joseki und eine gute Entwicklung. In dieser Form ist eine schwarze Ausdehnung auf A groß, die wiederum auf die Invasion B oder den Angriff mit dem Keima C abzielt.

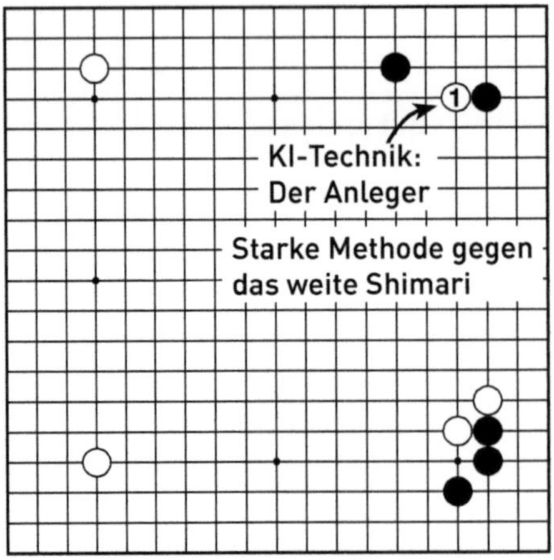

5

B
Richtig

Mit Weiß 1 die Ecke anzugreifen, ist eine interessante KI-Technik. Weiß möchte wie in Diagramm 3 den rechten Rand ausbauen. Doch Schwarz hat verschiedene Möglichkeiten für Gegenmaßnahmen. Es ist ein komplizierter Zug.

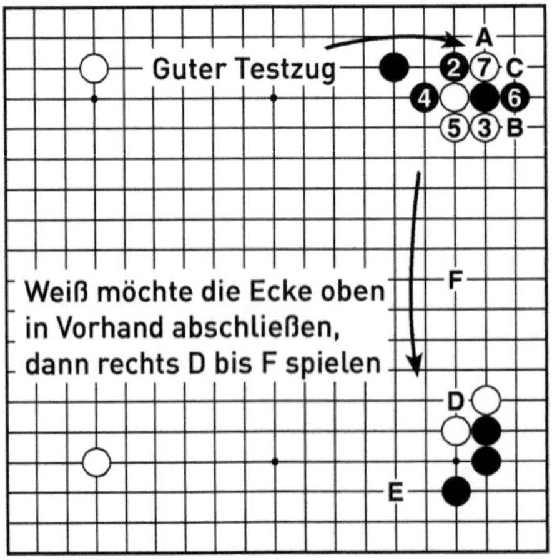

6

Schneiden, um zu sehen, wie Schwarz reagiert

Schwarz 2 bis 6 sind eine ruhige Antwort. Der Schnitt auf 7 ist ein guter Testzug von Weiß, denn Schwarz kann kaum A spielen, da dann B zu einer Vorhand wird. Für Schwarz bieten sich daher B und C an.

7

Friedliche Aufteilung

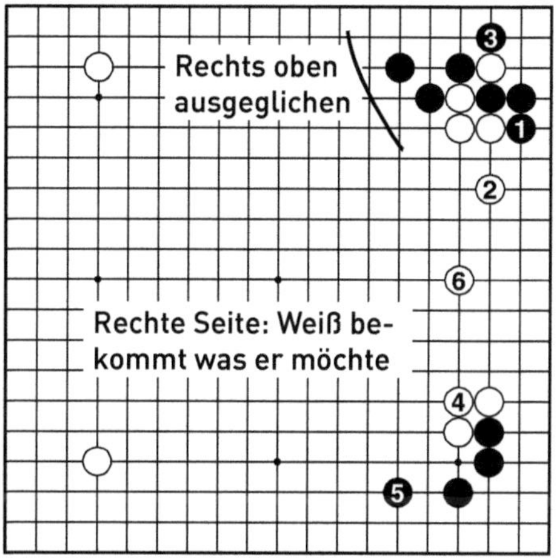

Nach dem Umbiegen 1 das Atari 3 zu spielen ist die friedlichste Antwort. Weiß dehnt sich mit 4 und 6 auf der rechten Seite aus und ist mit dieser Entwicklung nicht unzufrieden. Das ist eine Variante, die man häufig sieht.

8

Schieben auf der sechsten Linie

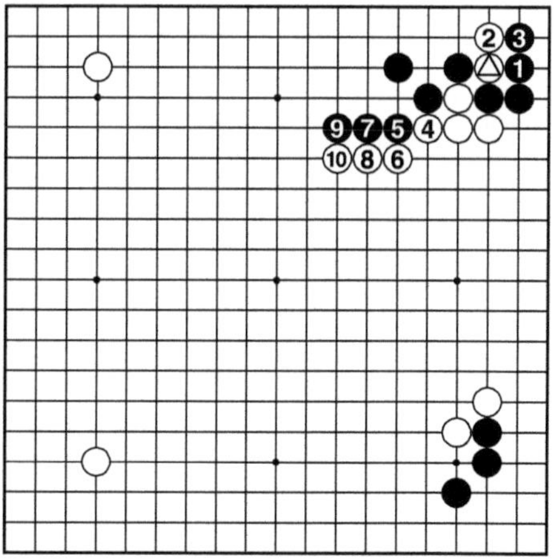

Spielt Schwarz mit 1 Atari, dann streckt Weiß auf 2 und schiebt mit der Abfolge bis 10 auf der sechsten Linie. Es ist eine mutige Spielweise für Weiß, sie wird aber als spielbar angesehen.

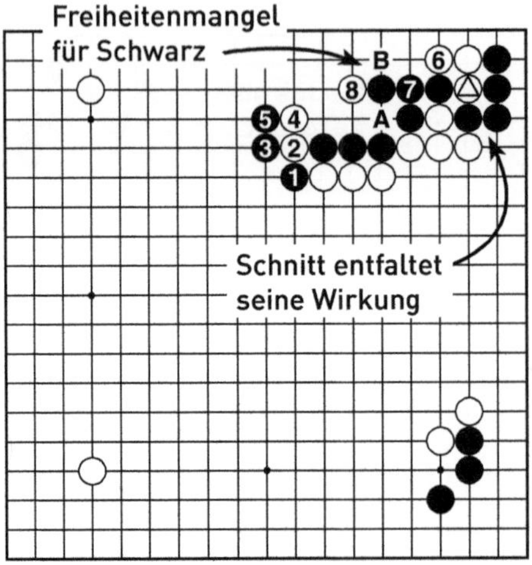

9

Der Schnitt offenbart seine Stärke

Wenn Schwarz mit dem Hane 1 Widerstand leisten möchte, dann kommt der Schnitt zum Tragen. Weiß 8 ist ein guter Zug. Es sähe schlecht für Schwarz aus, wenn Weiß als Nächstes den Einwurf A oder das Hane B spielt.

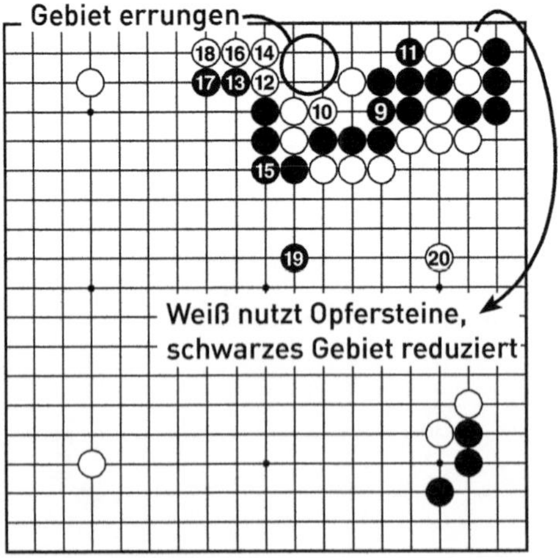

10

Weiß kann kämpfen

Daher muss Schwarz schließlich auf 9 decken. Danach ist die Fortsetzung bis 20 zu erwarten, die zu einem großflächigen Kampf führt. Weiß zieht dabei Nutzen aus seinen Opfersteinen rechts oben, um Punkte zu machen.

11

Variante:
Hane außen

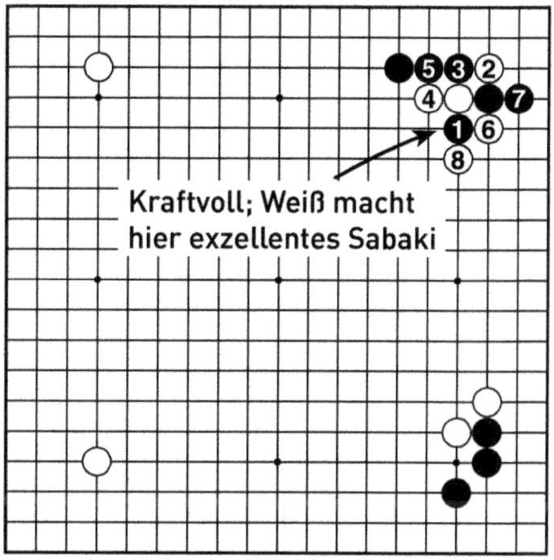

Das Hane außen ist ebenfalls ein starker Zug. Weiß antwortet und macht mit 4 und 6 Sabaki. Die weißen Steine scheinen getrennt zu sein, aber das nächste Diagramm zeigt, wie elegant Weiß mit den Opfersteinen seine Form in Ordnung bringt.

12

Neuestes
Joseki

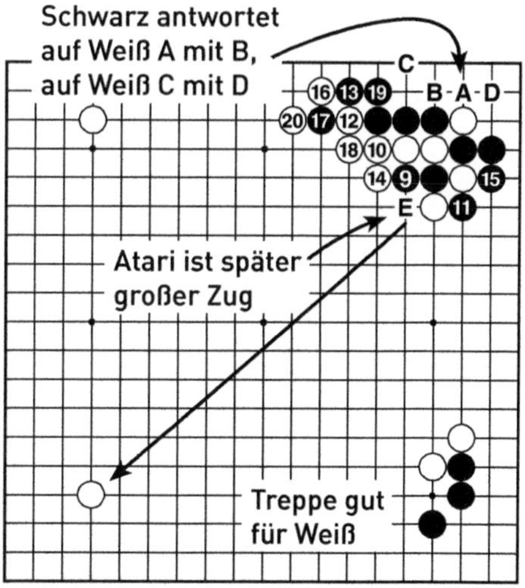

Weiß gibt das Atari 14 und spielt dann das Hane 16. Er opfert somit den Stein in der Ecke. Die Fortsetzung bis 20 wird in Profi-Partien häufig gespielt und das Ergebnis als ausgeglichen betrachtet.

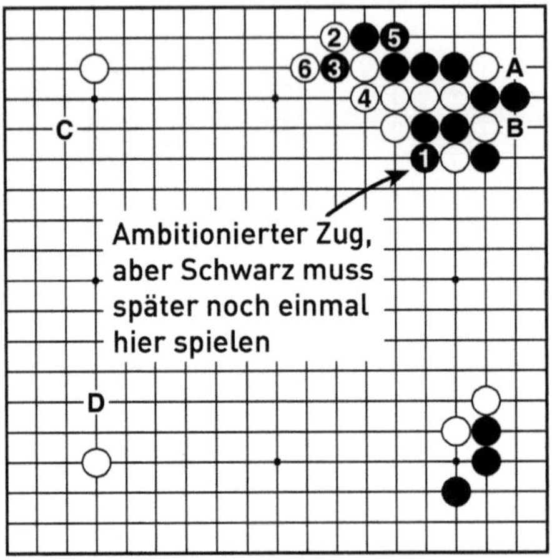

13

Kein Vorteil für Schwarz

Schwarz 1 scheint einen Vorteil zu versprechen. Doch nach der Abfolge bis 6 ist A Vorhand für Weiß. Am Ende muss Schwarz also noch einmal decken. In diesem Fall wäre es besser, C oder D zu spielen, ohne einen Zug aus dem letzten Diagramm.

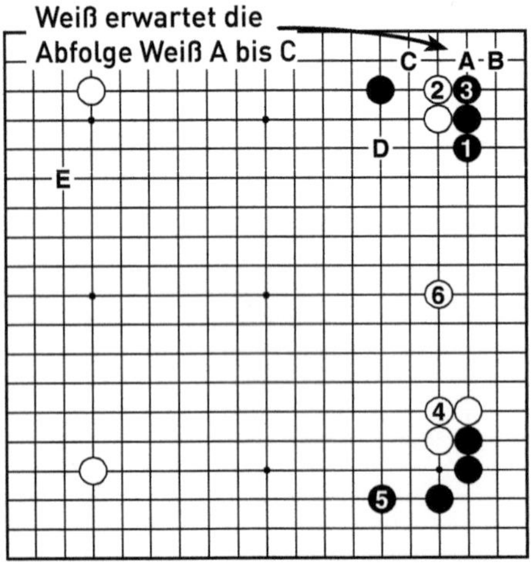

14

Variante: Strecken

Das Strecken auf 1 sieht man selten. Es gibt verschiedene Möglichkeiten für Weiß, spielbar ist zum Beispiel 2 bis 6. Danach schaut Weiß auf eine Fortsetzung mit A bis C. Wenn Schwarz die Seite schnell mit D klären möchte, dann geht Weiß direkt zu E.

15

Die Partie 1

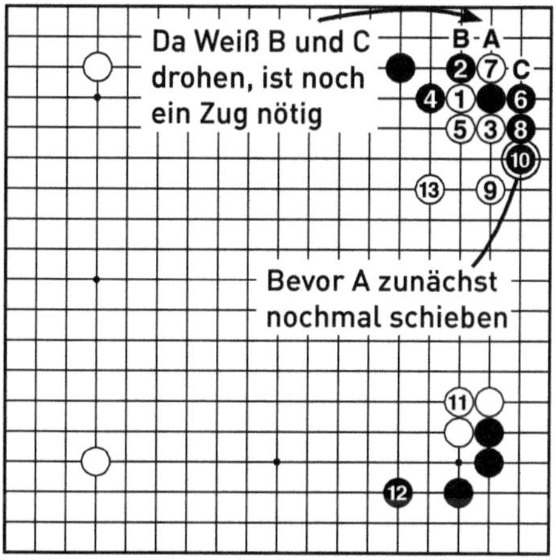

In der Partie spielte Schwarz nicht A wie in Diagramm 7, sondern er schob erst wagemutig auf 10. Weiß sprang auf 13 und zwang Schwarz zu einem Zug in der Ecke. Auch jetzt wäre es nicht gut, wenn Schwarz sofort auf A deckte.

16

Die Partie 2

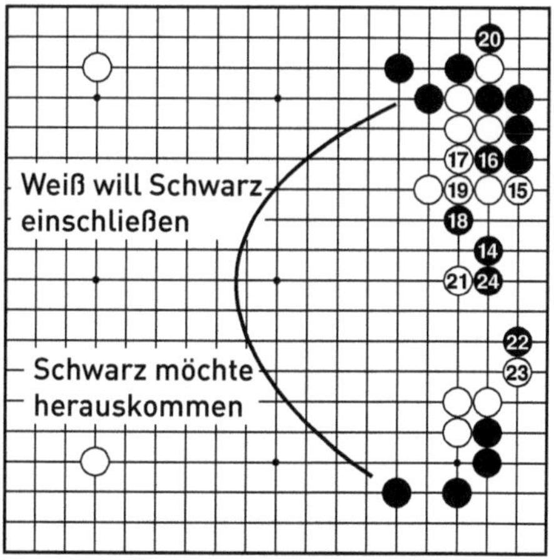

Schwarz wendete sich also mit 14 bis 18 der rechten Seite zu und kam dann auf 20 zurück. Weiß 21 war ein mutiger Zug und Schwarz hat Grund zur Sorge. Mit 22 versuchte er das weiße Moyo zu zerstören. Weiß aber wollte sich nicht trennen lassen, daher begann ein heftiger Kampf.

Die Partie

Züge nach 56 weggelassen.
Weiß gewinnt mit 2,5 Punkten.

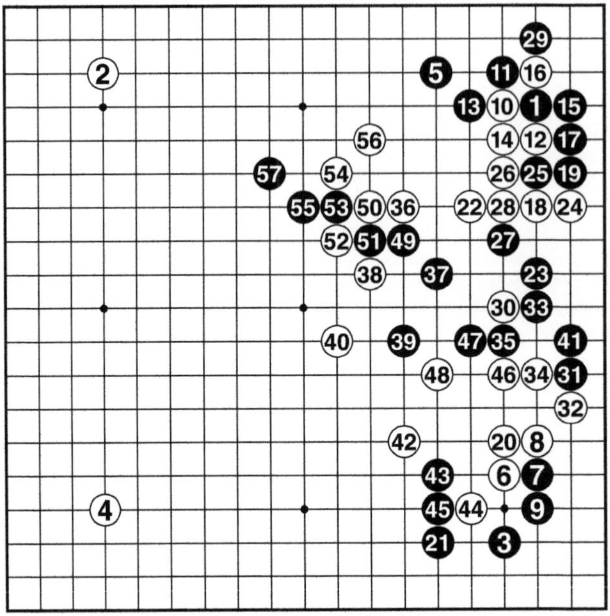

Die nächste Partie ist keine Turnierpartie, sondern dem feierlichen Anlass der Verleihung des Profi-Status an die jüngste Spielerin aller Zeiten gewidmet: Nakamura Sumire 1p vs. Choi Jeong 9p.

Nakamura Sumire wurde 2019 im Alter von zehn Jahren der Profi-Status zuerkannt.

Partie 13

Vom Hörensagen wußte ich, dass es eine starke Schülerin gibt, aber ich war damals aufgrund ihres Alters skeptisch. Dann habe ich mir ihre Partien angesehen und war schockiert: „Sie ist ja stark!“ Ich freue mich zu sehen, wie sie sich weiterentwickeln wird.

(1 – 15)

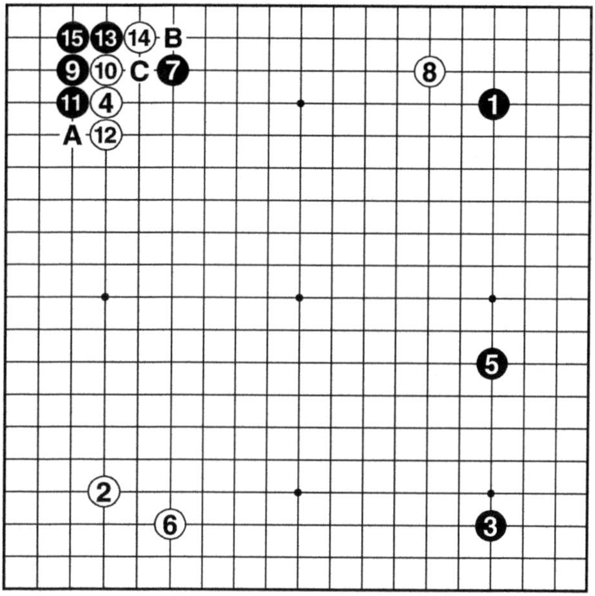

Weiß am Zug

Nach dem Kakari 7 hat Weiß Tenuki gespielt und so invadierte Schwarz auf dem 3-3-Punkt. Nach Schwarz 15 ist das Joseki noch nicht abgeschlossen. Weiß wählte nun einen Zug im KI-Stil.

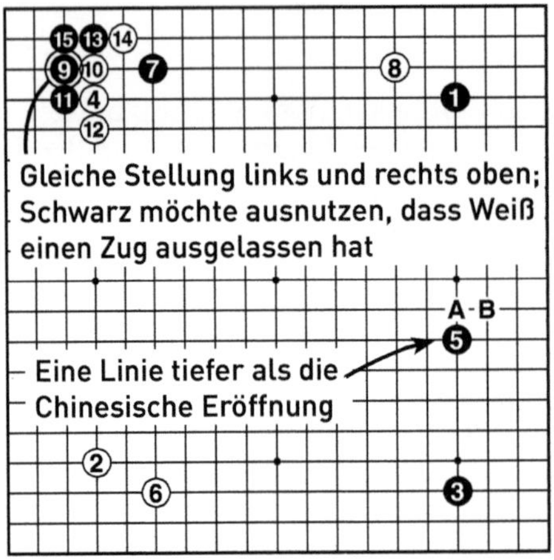

1

Partieverlauf

Statt der klassischen Chinesischen Eröffnung auf A oder B spielt Schwarz mit 5 die starke Variante eine Linie tiefer. Nach dem Kakari 7 spielt Weiß mit 8 ebenfalls ein Kakari. Schwarz kann natürlich auf 8 antworten, aber er möchte mit Kampfgeist links oben fortsetzen.

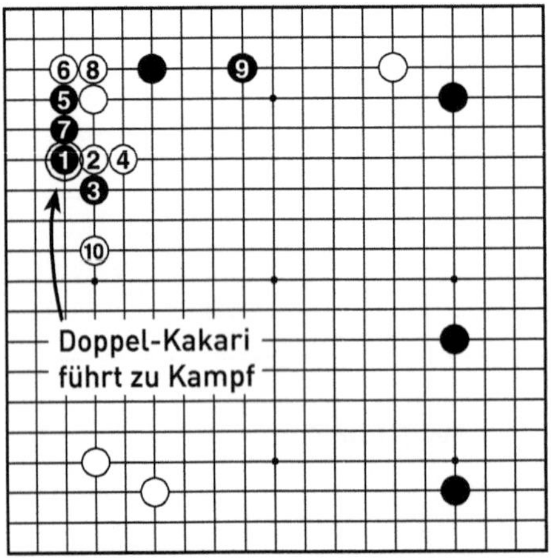

2

Doppel-Kakari

Statt der 3-3-Invasion ist auch das Doppel-Kakari eine normale Spielweise, die die Abfolge bis 10 erwarten lässt. Weitere Optionen statt 1 sind ein Zug rechts oben oder ein Klemmzug.

3

A

Verlust für Weiß

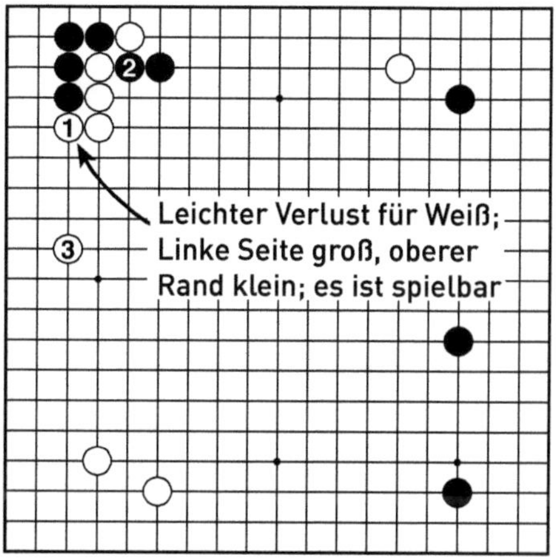

Ob das Blocken mit 1 gut ist, hängt von der Stellung ab. Nach der Ausdehnung 3 sieht die weiße Form gut aus, aber es ist ein kleiner Verlust für Weiß. Der Zug sollte nur gespielt werden, wenn spezielle Gründe für ihn sprechen.

4

C

Aus der Mode gekommenes Joseki

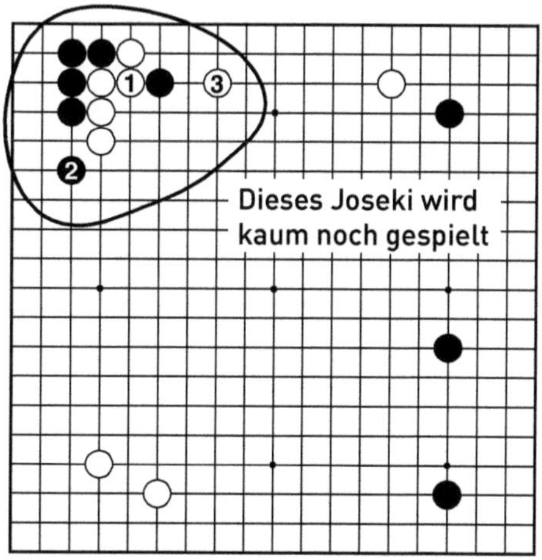

Diese Form entsteht typischerweise, wenn Weiß das Kakari mit dem Klemmzug 3 beantwortet. Doch dieses Joseki ist drastisch zurückgegangen – seit dem Aufkommen der KI sieht man es nur noch sehr selten.

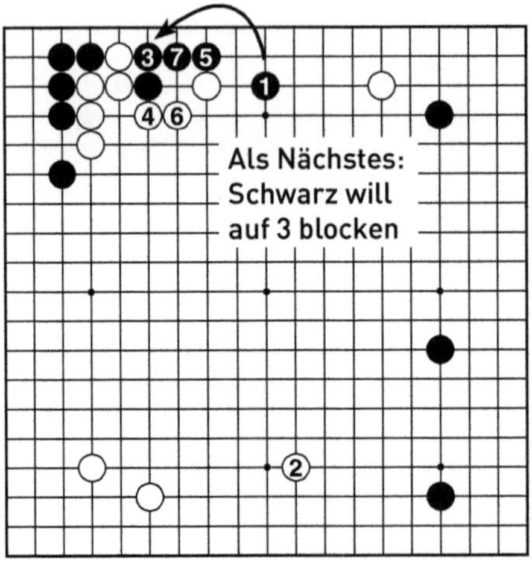

5

Hintergrund

Der Grund, warum diese Form nicht mehr gespielt wird, ist der Angriff von Schwarz 3 gegen die Gruppe. Wenn Weiß zum Beispiel am oberen Rand ein Moyo errichten möchte, dann ist Schwarz 1 ein guter Invasionspunkt, der auf 3 abzielt.

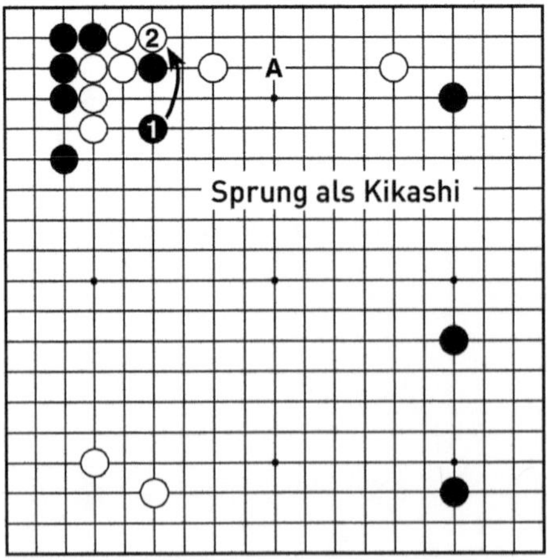

6

Angriff mit Sprung

Schwarz kann auch den Sprung auf 1 spielen. Weil ein weiterer Zug von Schwarz auf 2 sehr hart ist, antwortet Weiß meist selbst auf 2. In diesem Fall wirkt Schwarz 1 als Kikashi. Das ist für Schwarz, statt A, ebenfalls spielbar.

7

Vor- und Nachteile des Hane

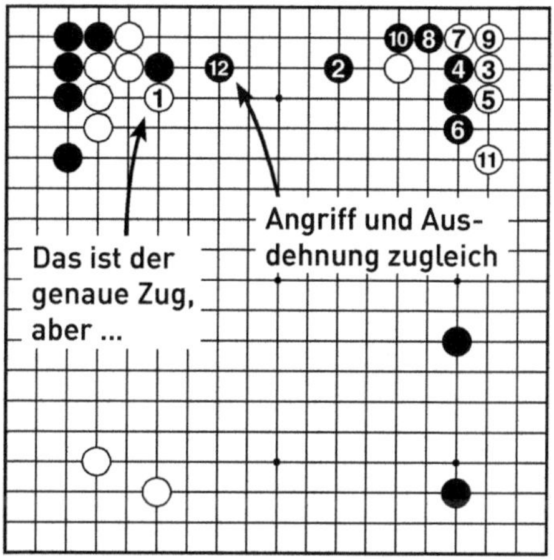

Das Hane 1 ist der genaue Zug (Honte). Er ist nicht unbedingt besser als der Klemmzug, denn er hat Vor- und Nachteile. Wird die Fortsetzung wie in dem Diagramm gespielt, dann ist Schwarz 12 ziemlich unangenehm. Weiß 1 ist solide, aber auch langsam.

8

B

Richtig

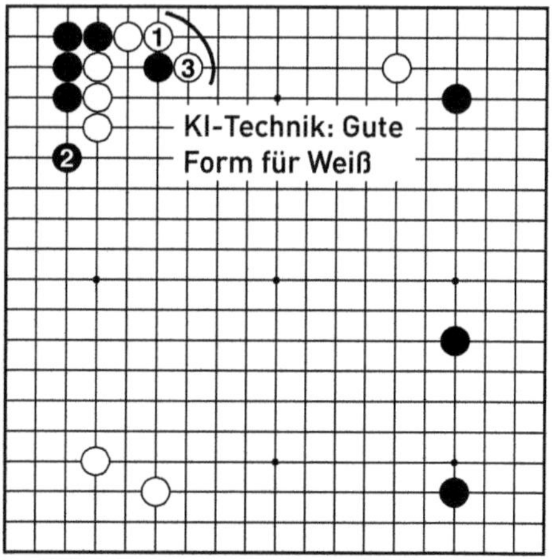

Das Krauchen mit 1 ist die KI-Technik, um am Rand zu verbinden. Springt Schwarz nun mit 2 hinaus, dann macht Weiß mit 3 gute Form. Sie ähnelt der Form in Diagramm 6, doch hier ist sie besser.

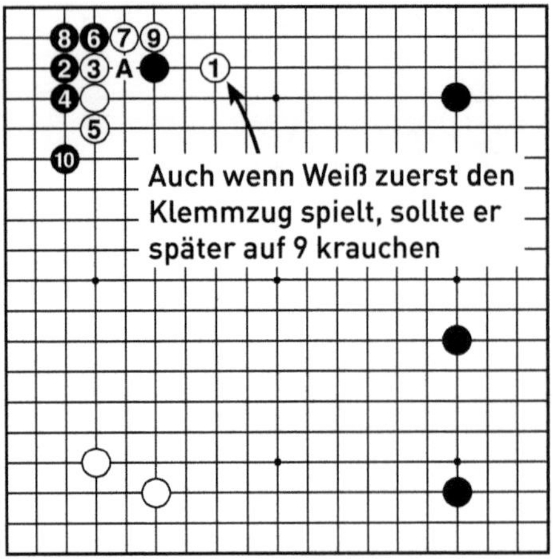

9

Krauchen auch nach dem Klemmzug

Die Form sieht ein wenig anders aus, wenn Weiß zuerst den Klemmzug spielt. Auch in dieser Form wird 9 statt A gespielt. Es ist nicht so, dass es diesen Zug früher nicht gegeben hätte. Er wurde nur sehr selten gespielt, weil er als nachteilig galt.

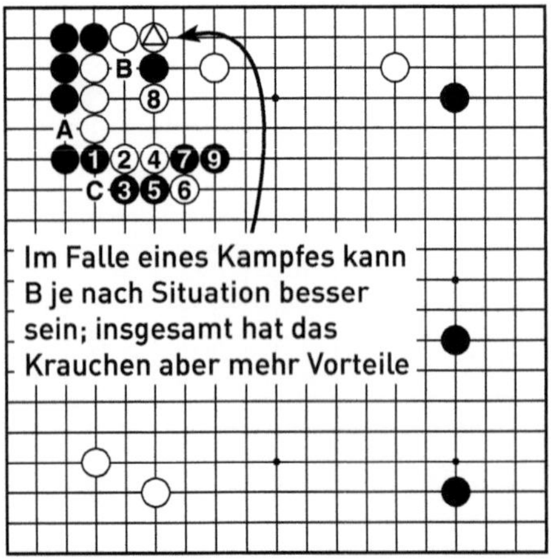

10

Warum der Zug nicht gespielt wurde

Wenn Schwarz sofort mit 1 schiebt, dann ist ein Nachteil, dass Weiß nicht auf C abzielen kann, denn der schwarze Kasten ist aufgrund des Schnitts B ziemlich sicher. Dennoch heißt es heute, dass es besser ist, am Rand zu krauchen, weil Weiß so das Blocken auf dem markierten Punkt verhindert.

11

Guter Zug: Weiß 3

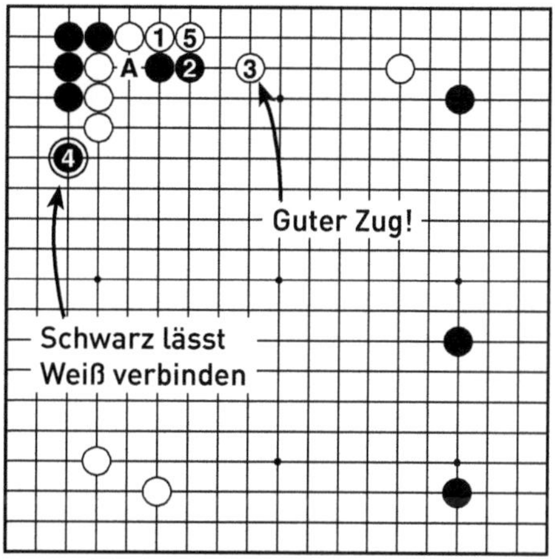

Streckt Schwarz auf 2, um Weiß A zu erzwingen, dann ist Weiß 3 statt dem Verbinden ein guter Zug. Wenn Schwarz nun 4 spielt, dann streckt Weiß noch einmal auf 5. Weiß ist zufrieden, nicht auf A gespielt zu haben, aber auch für Schwarz ist dies eine spielbare Variante.

12

Loslaufen unmöglich

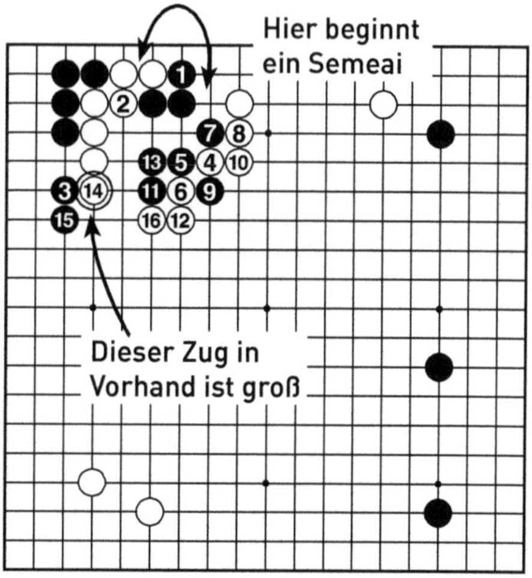

Schwarz 1 in der Partie zwingt Weiß zu verbinden. Dann springt Schwarz auf 3. Wenn Weiß mit 4 niederdrückt, kann Schwarz nicht sofort mit 5 loslaufen. Der Kampf ist auch für Weiß nicht einfach. Weiß versucht bis 16, Schwarz einzuschließen. Er kann 14 in Vorhand spielen.

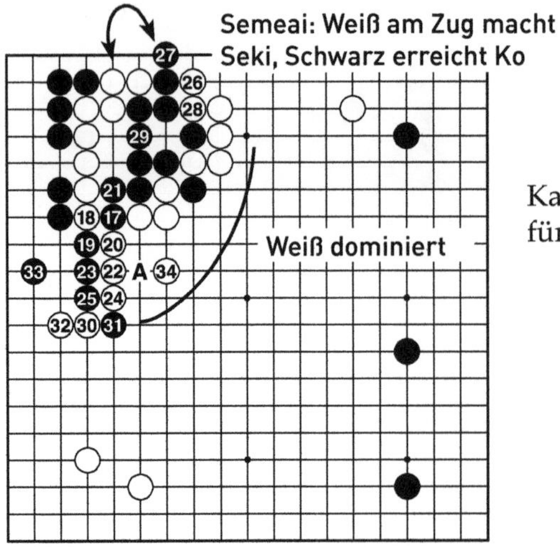

13

Kampf spielbar für Weiß

Es ist eine schwierige Zugfolge bis Weiß 34. Es könnte einfacher sein, wenn Weiß die Steine opfert. Möchte man weniger kompliziert spielen, dann ist Weiß 23 statt 22 und anschließend A eine Option. In diesem Diagramm ist Weiß überlegen.

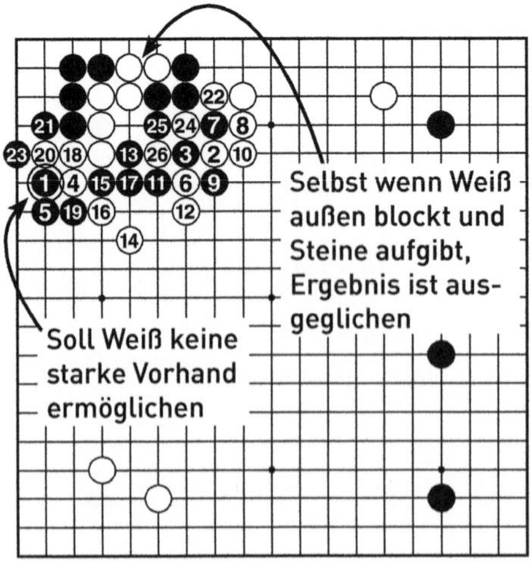

14

Mit Keima loslaufen

Das Keima 1 zielt ernsthaft darauf ab, mit den schwarzen Steinen loszulaufen. Weiß könnte statt 2 den Anleger 4 und dann 6 spielen, oder Schwarz wie im Diagramm unnachgiebig einschließen. Auch wenn Weiß hier Steine verliert, so baut er doch eine solide Außenmauer.

15

Die Partie 1

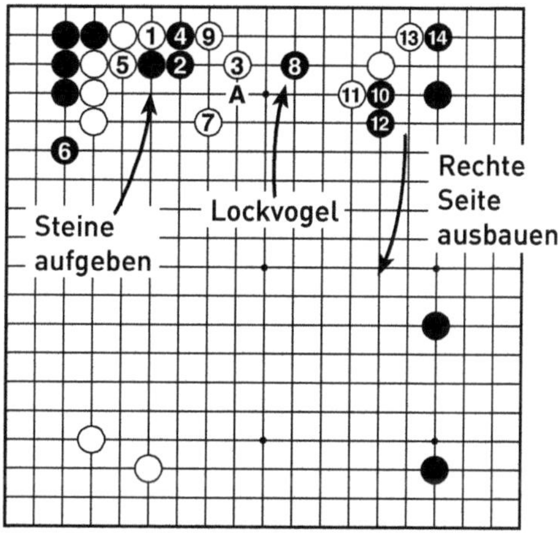

Nach 6 ist es für Schwarz ratsam, die Steine oben zu opfern. Diese Steine werden aber nicht leicht gefangen und es verbleibt Aji bei A. Zusätzlich warf Schwarz hier auch den Stein 8 weg, um die rechte Seite auszubauen.

16

Die Partie 2

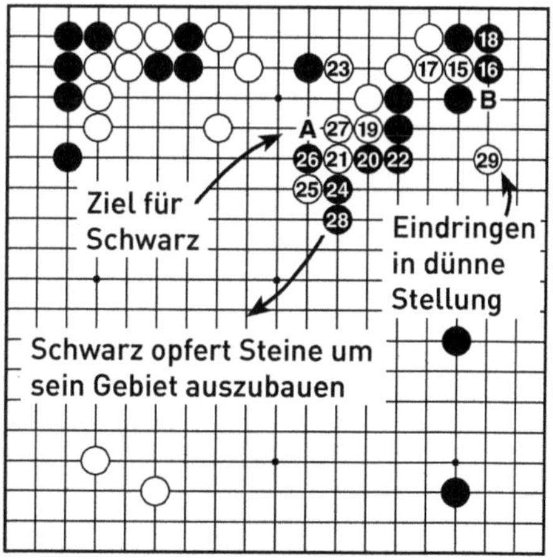

Bis 28 überließ Schwarz den oberen Rand Weiß. Dafür entstand am rechten Rand ein großes Moyo. Weil Schwarz statt B auf 18 verbunden hat, wäre ein weiteres Blocken auf A sehr hart für Weiß. Doch Weiß invadierte unbekümmert auf 29, denn die schwarze Stellung ist dünn.

Die Partie

Züge nach 53 weggelassen.
Weiß gewinnt durch Aufgabe.

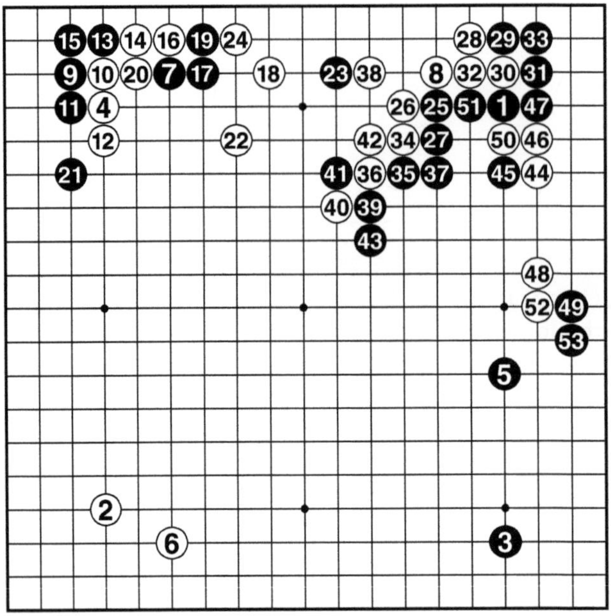

In der letzten Partie sehen wir noch einmal den stärksten japanischen Profi-Spieler im internationalen LG Cup: Iyama Yuta 9p vs. Li Xuanhao 7p.

Partie 14

Nach einem lokalen Kampf übernahm Iyama die Führung in dieser Partie. Die Antwort auf die Problemstellung zeigt, wie man auf das Keima 11, das gerade im Trend liegt, reagieren soll. Es lohnt sich, sich diesen starken Zug zu merken.

(1 – 18)

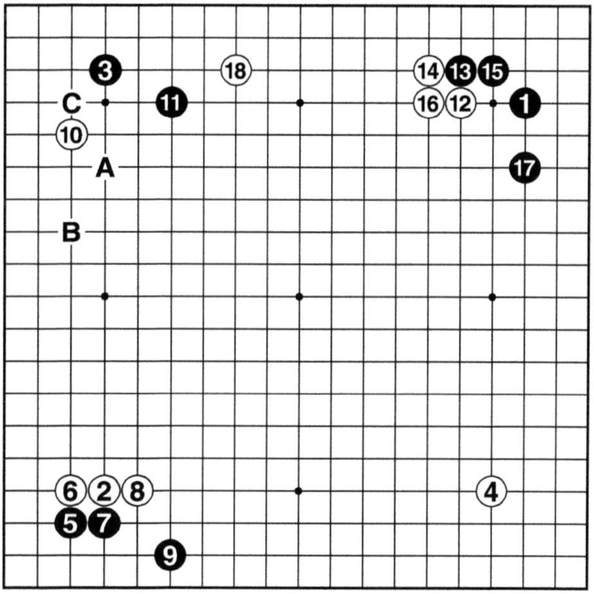

Schwarz am Zug

Nach der Annäherung mit dem niedrigen Kakari empfiehlt die KI das Keima 11. Die übliche Antwort war bisher das Kosumi einen Punkt links davon. Weiß traf mit 18 den Schwachpunkt des Keima, doch Schwarz hat hier eine starke Antwort.

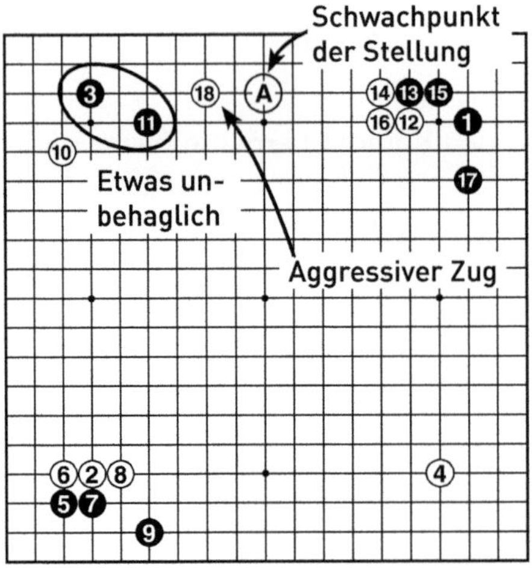

1

Partieverlauf

Weiß 18 auf A wäre kein sonderlich aktiver Zug. Man möchte hier die Gelegenheit besser nutzen. Es verbleibt eine Schwäche, doch die Absicht ist, mit dem Angriff Druck auszuüben, sodass Schwarz nicht in die Lage kommt, zum Gegenschlag auszuholen.

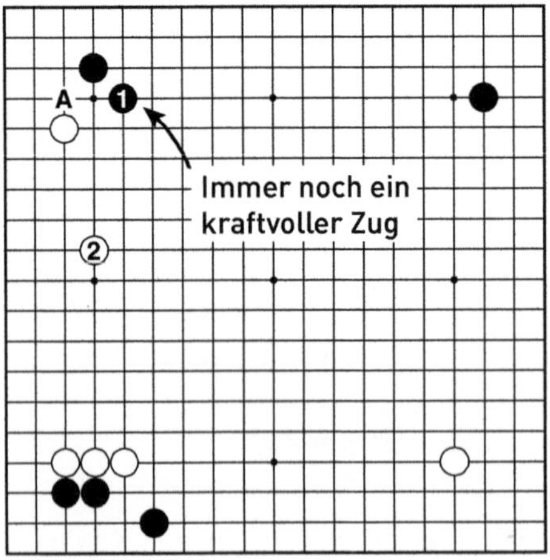

2

Kosumi

Das Kosumi 1 wird seit mehr als hundert Jahren gespielt und gilt noch heute als guter Zug. Wenn Schwarz jedoch als Nächstes auf A spielt, dann ist Schwarz 1 zu eng positioniert.

3

Shimari gegen Ausdehnung

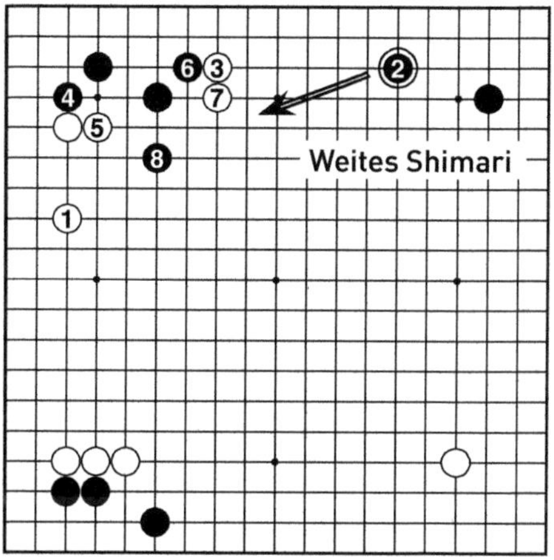

Spielt Weiß die Ausdehnung 1, dann nimmt Schwarz mit 2 das weite Shimari rechts oben. Greift Weiß mit 3 an, so ist Schwarz nicht allzu besorgt, denn er kann mit 4 bis 8 sicher spielen. Das weite Shimari ist gut positioniert, um die Entwicklungsmöglichkeiten von Weiß einzuschränken.

4

C

Solider Zug, aber …

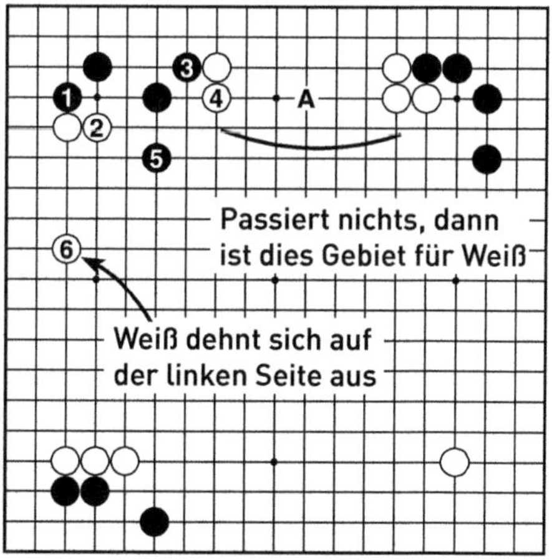

Das Kosumi 1 ist eine solide Wahl, aber Weiß kann dadurch ein breites Gebiet am oberen Rand erlangen. Das gefällt Schwarz nicht und deshalb möchte er mit A invadieren. Es ist aber unklar, wie stark man hier tatsächlich kämpfen kann.

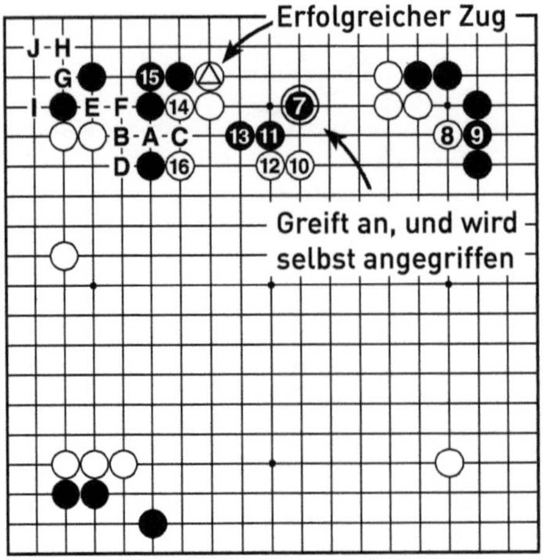

5

Weiß kämpft

Greift Schwarz mit 7 an, dann kontert Weiß auf 10. Setzt sich der Kampf bis 16 fort, dann ist das ein gutes Ergebnis für Weiß. Nach dem Abtausch Weiß 14 für Schwarz 15 bleibt noch die Abfolge Weiß A bis Schwarz J möglich.

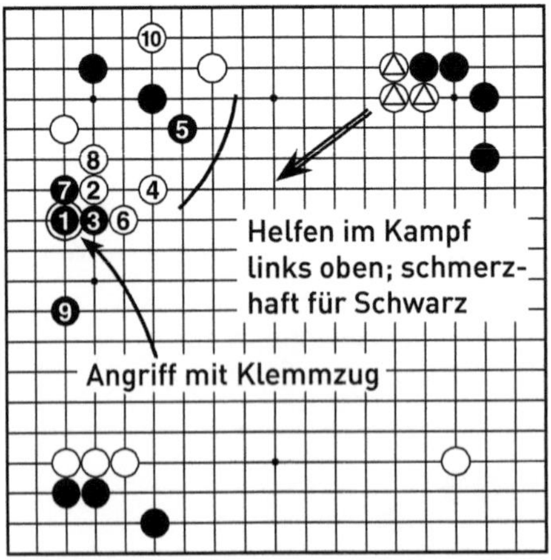

6

B

Schmerzhaft für Schwarz

Der Klemmzug 1 ist ein natürlicher Zug, um das Tenuki von Weiß zu bestrafen. Weiß sollte einfach mit 2 und 4 antworten. Die Zugfolge bis Schwarz 9 ist normal, doch nun wird Schwarz mit dem Sprung auf 10 angegriffen.

7

Niederdrücken ist perfekt

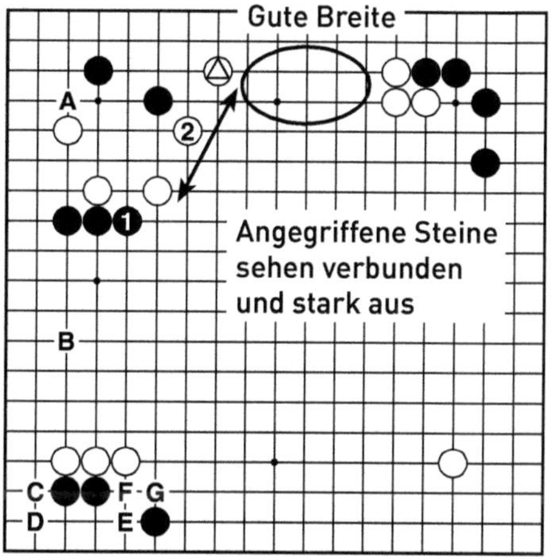

Das Niederdrücken 2 ist die beste Antwort auf das Strecken 1. Anschließend müsste Schwarz noch A in der Ecke spielen, um sicher zu leben, was jedoch ärgerlich für ihn wäre. Links unten hat Weiß die Abfolge C bis G, falls Schwarz mit B näher herankommt.

8

Wenn Schwarz Tenuki spielt

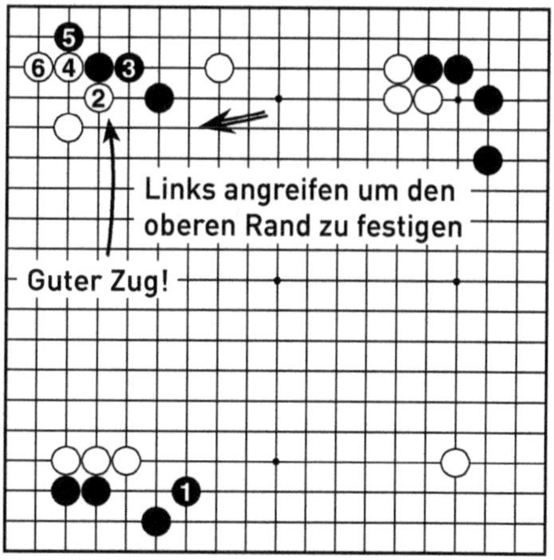

Wenn Schwarz mit 1 Tenuki spielt, dann sollte Weiß auf 2 anlegen, obwohl es etwas seltsam aussieht. Weiß trifft mit 2 den Formpunkt. Streckt Schwarz statt 3 auf 4, dann schneidet Weiß auf 3 und Schwarz ist in Not. Die Abfolge Weiß 4, Schwarz 5 und Weiß 2 würde zu Schwarz 6 führen.

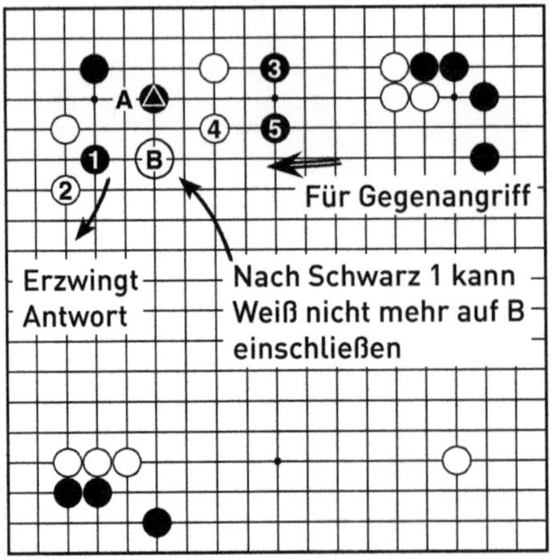

9

A
Richtig

Schwarz 1 ist ein Zug, den man häufig sieht, wenn der markierte Stein auf A steht. Schwarz 1 hat die Absicht, wie im Fall des Kosumi, Weiß zur Antwort auf 2 zu zwingen und sich dadurch selbst zu stärken.

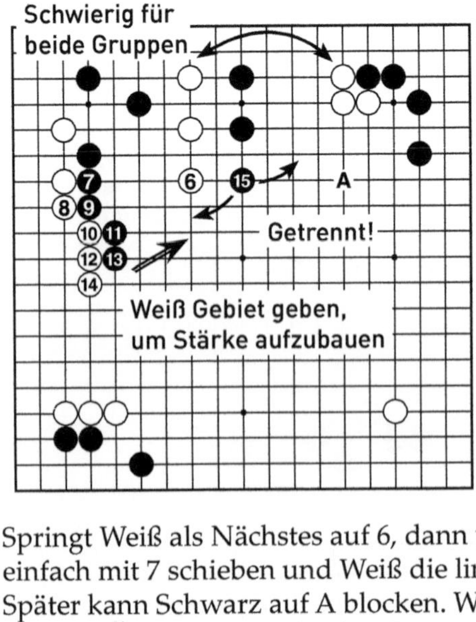

10

Schwarz spielt offensiv

Springt Weiß als Nächstes auf 6, dann wird Schwarz einfach mit 7 schieben und Weiß die linke Seite geben. Später kann Schwarz auf A blocken. Weiß ist getrennt und das Überleben mit beiden Gruppen schwierig.

11

Krauchen

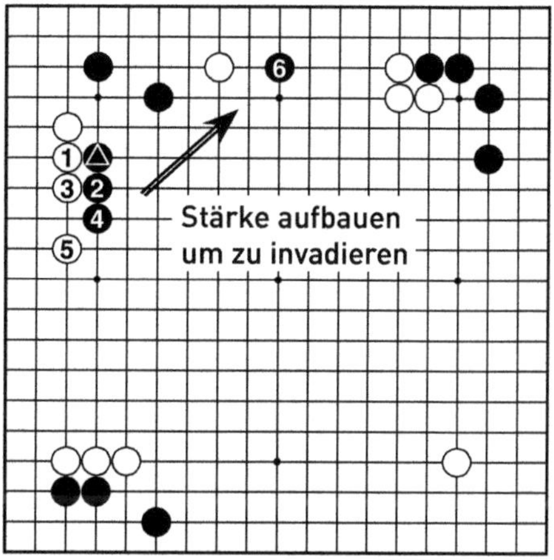

Das Krauchen 1 ist ein normaler Zug, aber die Fortsetzung gleicht der im letzten Diagramm. Schwarz invadiert auf 6 und kann gut kämpfen.

12

Widerstand

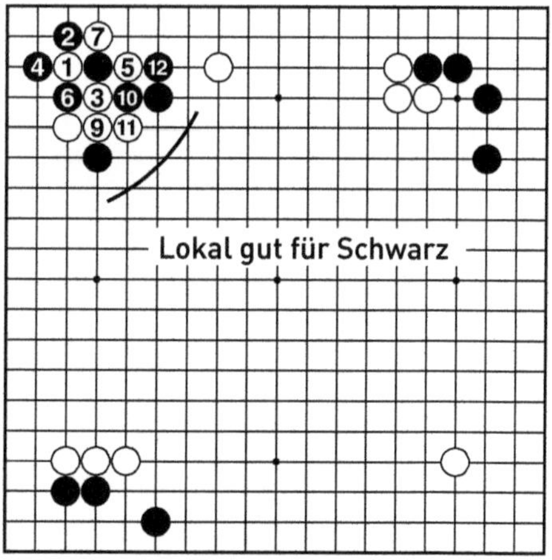

Möchte Weiß mit 1 und 3 eine Basis in der Ecke errichten, dann wehrt Schwarz mit dem Atari 4 ab. Das Ergebnis nach 12 ist gut für Schwarz.

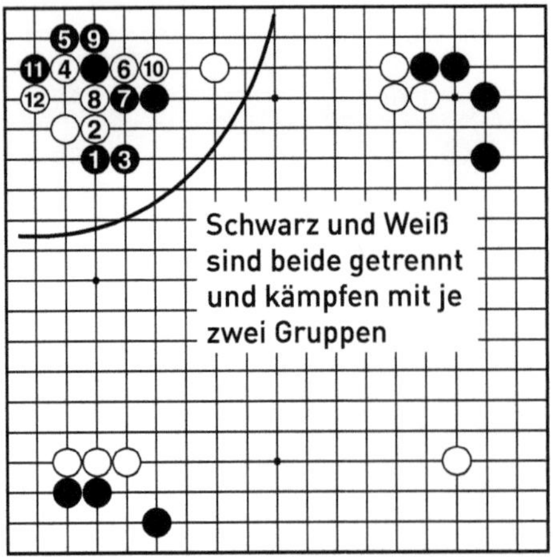

13

Die Partie 1

Weiß drückte erst mit 2 und stieß dann mit 4 und 6 in die dünne Stellung von Schwarz hinein. Schwarz schnitt auf 7 und ein Kampf wurde unausweichlich. Mit Weiß 12 mündete dieser Kampf in ein Ko.

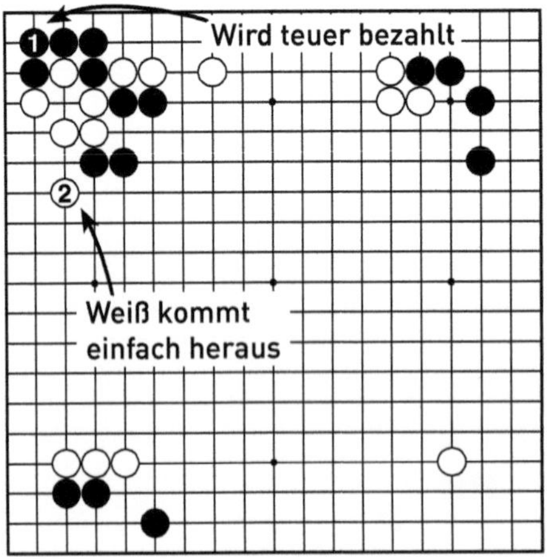

14

Sei nicht feige

Wenn Schwarz das Ko fürchtet und auf 1 verbindet, dann wird es nur schlimmer. Die Form in der Ecke braucht noch einen weiteren Zug um zu leben. Weiß springt nun einfach mit 2 hinaus.

15

Die Partie 2

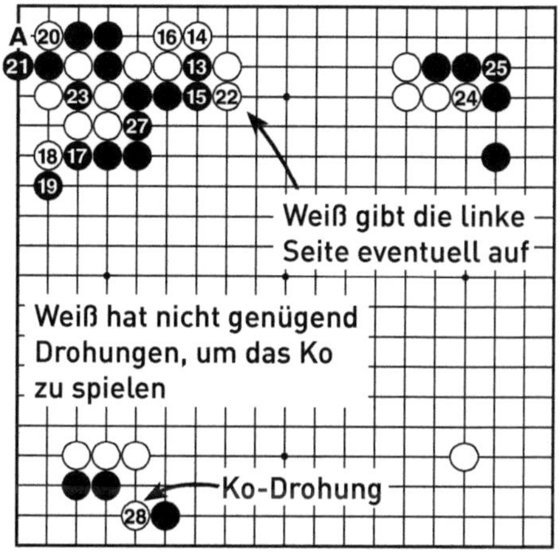

Weiß 26 über 23

Weiß schnitt mit 20, um das Ko zu aktivieren (spielt Schwarz statt 21 auf 23, dann folgt Weiß 21). Das Ko ist riesig. Ob die Partie zu gewinnen ist, wenn es gewonnen wurde, ist trotzdem nicht sicher. Verluste durch schlechte Ko-Drohungen sollte man vermeiden. Es ist schwierig für Weiß, ausreichend und geeignete Ko-Drohungen zu finden.

16

Verluste durch das Ko

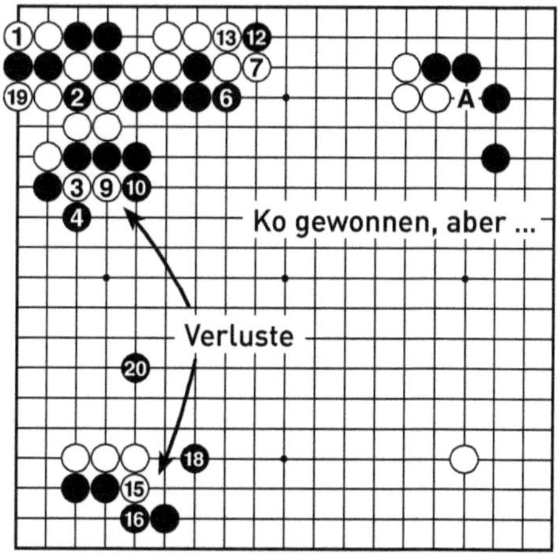

Weiß 5, 11 und 17 über 2; Schwarz 8 und 14 auf 2

Beginnt Weiß mit 1 das Ko, dann reicht die Drohung A nicht aus. Es gibt Drohungen wie 3, 9 und 15, aber sie bringen alle einen Verlust mit sich. Wenn der Preis so hoch ist, dann ist es das nicht wert, die Ecke zu bekommen.

Die Partie

Züge nach 55 weggelassen.
Weiß gewinnt durch Aufgabe.

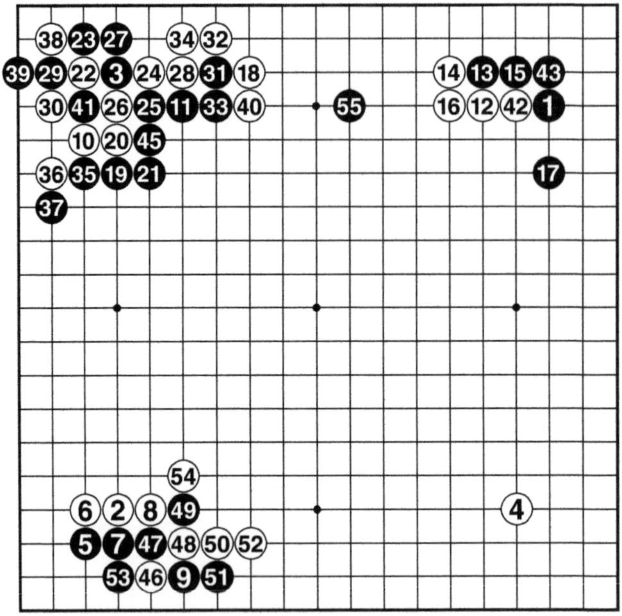

Weiß 44 auf 22

YUAN ZHOU
ALPHAGO GEGEN LEE SEDOL

DER WETTKAMPF, DER DIE WELT VERÄNDERTE.

Yuan Zhou analysiert eingehend die fünf Go-Partien des historischen Wettkampfs zwischen dem Computerprogramm AlphaGo und dem Spitzen-Profi Lee Sedol.

Dabei erzählt er auch von den Wahrnehmungen und Reaktionen seitens der Zuschauer und Teilnehmer des Geschehens.

Besondere Aufmerksamkeit legt er auf die Stärken und Schwächen des KI-Programms, das nicht nur in der Go-Welt Aufsehen erregt hat, als es gegen die stärksten menschlichen Spieler nahezu alle Partien gewann.

ISBN 978-3-940563-38-5
138 Seiten, Zhou Yuan

BRETT UND STEIN
VERLAG